INLAKE'CH

13月亮曆之波符與城堡

進入你的生命之流

陳盈君 著

點 亮 回 家 的 道 路

Lighten up your way home

「家，不在遠方，而是在那臨在又安頓的當下此刻，是合一的神性品質 Hunab Ku。」

這是十三月亮曆法最核心的教導，也是我最深的體會。

當我寫下這段話時，也被宇宙給的愛瞬間融化了。

這麼多年來，我一直把「願能帶領更多星際馬雅家人一起走上回家的道路」放在心裡、實踐在行動裡，從來沒有忘記。

從 2013 年開始至今，踏上十三月亮曆法的分享旅程，八年了，我始終致力於推廣曆法帶給我的感動與蛻變。

在這趟美麗的旅程中，見證一個又一個的生命轉變，一次又一次地讚歎著⋯⋯

原來，當生命回到自己本然道路上時，就是如此不可思議地美麗，光芒閃耀！

讓我更深地感受到，原來我們一直想要「回家」的那個「家」，其實就在那臨在的「當下」，不在外面，更不在遠方！

當「心能夠安頓了」，就是回家！

領我們回家的，是那一份帶著覺知的心。

照亮我們回家道路的，是宇宙給的天賦。

活出自己、綻放天賦光芒，就是領受恩典與愛。

生命腳本的靈魂之約，早已選定好我們此生要行走的道路。

我們生命的目的、我們的天賦才華、如何克服挑戰，這些都已印記在我們身上。

於是，我們的小靈魂帶著這條光的道路，以及宇宙為我們打包好的整組配備，降生在地球。

伴隨著成長的過程，所有的體驗與發生之狀況，都是一個觸發，是一個看見的機會，為的是——等待我們去認出早就已經蘊藏在我們身上的禮物、活出獨一無二的生命本質，並且走上屬於自己的道路。

星際馬雅十三月亮曆法，掌握了生命的密碼，攜帶著生命的課題、天賦才華，以及生命開展的機會，還有我們能為這個世界服務的方向與創造方式。

在我的第一本十三月亮曆法書《星際馬雅十三月亮曆：13調性×20圖騰，活出自己的天賦能量，以更高維度的視角校準人生》（地平線文化）裡，透過解碼的過程，詳細且逐步帶領大家認識了自己的基本配備。

在第二本十三月亮曆法書裡，我們繼續往上攀升，要跟大家分享的是「波符與城堡」。

整個卓爾金曆（Tzolkin）的整齊平面，將經由「立體化」，用「波符」的概念來「行走」道路。

整個曆法的結構，透過「螺旋化」，形成「城堡」的概念來「俯瞰」全貌。

這是我自己個人非常喜愛的主題，立體且全觀的視角，吻合了「共振藍鷹」站在我個人星系印記中「引導」位置給我的教導。

波符不僅可以理解個人的生命道路、天賦道路，為自己調頻校準，看看是否有走在如自己所是的道路上，更可以解答生命很多的困惑，找到最適合自己的方式去面對各種選擇。

同時，波符更是帶出「關係合盤」的關鍵學習功課，知道在關係裡可以如何一起共同努力、可以做些什麼、如何獲得平衡……等。

進一步地，藉由「流年波符」，更可以知道自己「目前的流年」是走在哪一條道路上，那大週期的波符「13 年」能量優勢又會如何運行，在哪裡轉彎、在哪裡開始、坐落在什麼城堡等等。

當我們看懂波符以及坐落在城堡的位置時，你將會驚訝不已，理解且同意我所說的：「天呀！這些真的是太有趣、太有意思，也太神奇了吧！」

願我是那引路人，為你們指出道路之所在。
願我的文字，能成為你們的路燈，在你們回家的道路上點亮光芒。
願我的分享，能一次又一次地帶你回到當下，
回到臨在又安頓的此刻，回到內心之家。

家，就在合一的神性品質裡。
我們從 Hunab Ku 宇宙的合一創造源頭而來，我們的心就是宇宙。

帶上點亮的心，我們一起走上回家的道路，一起閃亮無比。

IN LAK' ECH
我是另外一個你
你是另外一個我！

CHAPTER 03

走上我的道路：二十個波符整體解析　061

CHAPTER 04
波符在 260 天的日常展現　251

CHAPTER 01

全面啟動天賦，
開展生命道路

尋道者

　　每一個來到地球探索的你，都是「尋道者」。

　　你可能花了很多時間，或大半輩子、甚至一輩子，一直在尋找「我的生命道路在哪裡？」

　　為何我們要知道並認識自己的道路在哪裡呢？

　　知道了，對我們有什麼幫助呢？

　　首先，我們在靈魂降生前，幫自己選好了生命道路，配置了路上的標示、站牌與暗示標記，也打包好了全套的配備力量和天賦。（當然，我們很有默契地，共同選擇了我們的出生地：地球。）

解說

生命道路 ＝ 生命波符
路標 ＝ 13 個圖騰與調性、共時的徵兆／關鍵字／導航
配備力量和天賦 ＝整組個人星系印記

　　這些資訊，就像拼圖，一塊一塊被打散、藏在不同的時空裡。

　　接著，我們要準備降生地球，小靈魂閉著眼睛跳入投胎的旅程，以全然忘我的姿態，哇哇哇地誕生，來到地球，開始體驗並享受早已幫自己準備好的這一切。

藉由生命的進展、學習、體驗、探索，我們就開始獲得一塊一塊拼圖，彷彿重拾曾有的記憶。

蒐集這些靈魂碎片，或所謂的徵兆（Sign），我們開始學習觀察生命的線索。

在判斷並分辨後，知道現在此刻哪一塊拼圖對我有幫助，就拿在手上備用。

越來越知道哪一塊拼圖對現在此刻沒有太大幫助（但或許未來會用到它），就先放下。

當我們拿到的拼圖數量足以拼湊出「一個區塊」時，你彷彿就能看見一些可能性，或是有一種「對！就是這個，我找到了！」的感覺，這種「啊哈！」的感受或許你也不陌生。

是的，有一種心安且踏實的感覺，這是我要的。

對的，我找到這個我當初埋藏下的暗號，我好像想起來了！

沒錯，這是我當初做的路標與記號，這是我此生的道路。

當我們能夠看見並認出「路標與道路」，就會對自己更多了一份信心和勇氣。

知道如何把這個天賦發揮得更好，讓生命不僅是走在對的方向與路上，更知道自己能讓生命一步一步地往前發光。

波符就是你的道路

　　找到自己在十三月亮曆法中的「波符」所在之處，就是找到自己的生命道路。

　　透過生命道路探索，那是可以讓生命產生火花的前進方向。

追尋，
是為了不再追尋。

走在自己的道路上，即便辛苦不容易，
但穿越這些物質的背後，便能看見靈魂愛的本質。
接納並愛著自己的體驗，心裡明白，每一個體會都值得。

星際馬雅十三月亮曆法，依循自然的時間法則，
協助我們在生活中調頻校準，
回到最原初的本質面貌，憶起你自己。

　　在十三月亮曆法系統裡，有非常多的層次，從星系印記個人組合盤、內在女神力量、PSI、生命道路波符、關係合盤、流年盤……等等，每一個部分都帶領我們開啟生命不同層次的奧祕。

　　這樣宇宙格局的整體系統觀，提供「全觀」的視角，不僅啟發我們對生命現象的理解，更解答了生活裡的種種困惑，常常都讓人有一種「啊哈！原來是這樣！」的驚呼，生命中的轉化開始一點一滴地擴散開來。

原本無法理解的，開始可以被理解；
被自己理解，也對他人有更深的同理。

那些無法接納的，變得可以被接納；
更接納自己與他人，更臣服於現象的發生。

有些無法放下的，可以藉由理解而願意放下；
發現自己內在有些部分開始鬆綁，開始變得柔軟。

對自己無法支持的選擇，可以藉由理解而願意接納，
並支持自己的決定與行動。

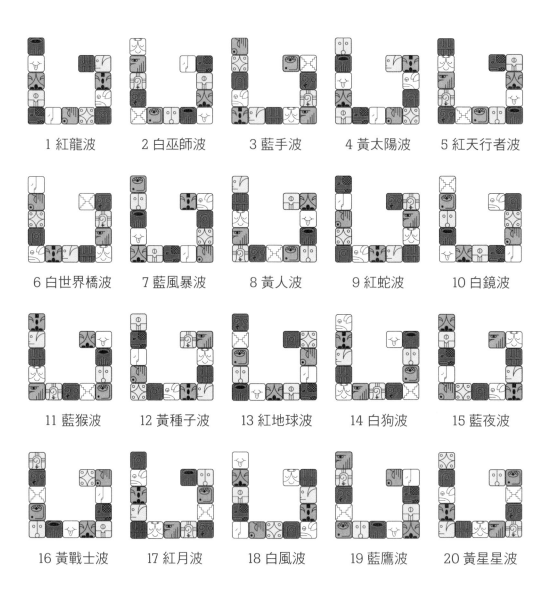

1 紅龍波　　2 白巫師波　　3 藍手波　　4 黃太陽波　　5 紅天行者波

6 白世界橋波　　7 藍風暴波　　8 黃人波　　9 紅蛇波　　10 白鏡波

11 藍猴波　　12 黃種子波　　13 紅地球波　　14 白狗波　　15 藍夜波

16 黃戰士波　　17 紅月波　　18 白風波　　19 藍鷹波　　20 黃星星波

波符帶來的啟發

或許你將跟我一樣，深愛著「波符」為你帶來的啟發。

在生活中，在生命裡，
在每一步前進的步伐裡，
都有著安心且穩定的力量。

知道自己的人生道路在哪裡，
可以帶來什麼力量、如何活出自己，
在這個世界上能夠貢獻些什麼。

每一條路，都有其專屬的生命目的。

我為何而來？
要往何處去？
我可以如何發揮力量？
我的道路在哪裡？

我想要可以好好發揮。
我想要好好貢獻自己。
我願意給出想要給予的。
不枉此生走這一遭。

在我們靈魂投胎時，早已為自己選好此生要走的道路。

道路是自己選的，路標是自己設的。

最美的風景，就在你的腳下。

道路就在你面前開展，宇宙為你示現。

如果你還不在道路上，請你勇敢，

為自己踏上這條專屬於你的道路吧！

透過 260 天的實踐，真實地踏上生命道路，

每一步都是穩定而踏實，且帶來生命的巨大改變。

帶上自己的心，一步一腳印，

實踐靈魂的承諾、生命本源給的力量，活出自然法則的教導。

乾杯吧！敬勇敢的靈魂！

在生活中，倘若你是為人父母，

透過波符，你能認出孩子的本然道路，看見他的獨特光芒，

成為那輕鬆不費力的陪伴者、給予空間的人。

我們唯一能做的，就是提供支持的空間，讓孩子自然綻放。

在職場中，面臨生涯抉擇時，

你能幫忙自己做出正確決定，做出正確選擇。

你知道如何能因應人際關係的考驗，並再次回到自己，

好好發揮才華與專長，活出本然道路的天賦配備。

我是哪一個波符？

要知道自己是哪一個波符之前，要先確認自己的星系主印記。
跟著步驟教學，就能輕鬆找到它。

01 先尋找自己的星系主印記

計算星系主印記時，是以真正出生當天（從媽媽肚子裡蹦出來的那天）的西元年月日為原則。

若是不知道自己真正的生日，可直接運用「身分證」上面的生日來計算。若是只知道農曆生日的人，可以查找萬年曆，推算出西元生日。

補充說明：如果你要計算特定某一天屬於什麼印記，只要以那天的年月日代入後面的算法即可。

以下的解說，將以生日「1991 年 2 月 25 日」為例子。

出生年份的數字

依出生年份查找「年份表」（p.22 ～ 23）。

以 1991 年出生為例，找到 1991，往橫向（右邊）對過去，
找到數字 247。

step
2 **出生月份的數字**

依出生月份查找「月份表」（p.21）。

以 2 月份出生為例，找到 2 月，往右邊對過去，找到數字
31。

step
3 **出生日的數字**

直接列出日期數字 25。

以 25 日出生為例，就是數字 25。

step
4 **算出以上三個數字的總和**

以生日「1991 年 2 月 25 日」為例，即是 247+31+25=303

step
5 **算出 Kin 數字**

若總和在 260 以內，Step4 的總和即是 Kin 數字。

若總和超過 260，就減掉 260。

以總和 303 為例，即是 303-260=43

step
6 **確認星系主印記**

對照「卓爾金曆」（p.24），找到你的生日所屬的 kin 數字，往
左邊查找該列的對應圖騰。以數字 43 為例，就是「藍夜」。

而 kin 數字上方的符號，即是調性符號，列表請參見 p.25。

所以星系主印記為：「調性 4 ／自我存在，藍夜，Kin43」。

月份表

生日月份	數字
1 月 January	0
2 月 February	31
3 月 March	59
4 月 April	90
5 月 May	120
6 月 June	151
7 月 July	181
8 月 August	212
9 月 September	243
10 月 October	13
11 月 November	44
12 月 December	74

年份表

出生年					數字
2117	2065	2013	1961	1909	217
2116	2064	2012	1960	1908	112
2115	2063	2011	1959	1907	7
2114	2062	2010	1958	1906	162
2113	2061	2009	1957	1905	57
2112	2060	2008	1956	1904	212
2111	2059	2007	1955	1903	107
2110	2058	2006	1954	1902	2
2109	2057	2005	1953	1901	157
2108	2056	2004	1952	1900	52
2107	2055	2003	1951	1899	207
2106	2054	2002	1950	1898	102
2105	2053	2001	1949	1897	257
2104	2052	2000	1948	1896	152
2103	2051	1999	1947	1895	47
2102	2050	1998	1946	1894	202
2101	2049	1997	1945	1893	97
2100	2048	1996	1944	1892	252
2099	2047	1995	1943	1891	147
2098	2046	1994	1942	1890	42
2097	2045	1993	1941	1889	197
2096	2044	1992	1940	1888	92
2095	2043	1991	1939	1887	247
2094	2042	1990	1938	1886	142
2093	2041	1989	1937	1885	37
2092	2040	1988	1936	1884	192

出生年					數字
2091	2039	1987	1935	1883	87
2090	2038	1986	1934	1882	242
2089	2037	1985	1933	1881	137
2088	2036	1984	1932	1880	32
2087	2035	1983	1931	1879	187
2086	2034	1982	1930	1878	82
2085	2033	1981	1929	1877	237
2084	2032	1980	1928	1876	132
2083	2031	1979	1927	1875	27
2082	2030	1978	1926	1874	182
2081	2029	1977	1925	1873	77
2080	2028	1976	1924	1872	232
2079	2027	1975	1923	1871	127
2078	2026	1974	1922	1870	22
2077	2025	1973	1921	1869	177
2076	2024	1972	1920	1868	72
2075	2023	1971	1919	1867	227
2074	2022	1970	1918	1866	122
2073	2021	1969	1917	1865	17
2072	2020	1968	1916	1864	172
2071	2019	1967	1915	1863	67
2070	2018	1966	1914	1862	222
2069	2017	1965	1913	1861	117
2068	2016	1964	1912	1860	12
2067	2015	1963	1911	1859	167
2066	2014	1962	1910	1858	62

卓爾金曆

1	21	41	61	81	101	121	141	161	181	201	221	241
2	22	42	62	82	102	122	142	162	182	202	222	242
3	23	43	63	83	103	123	143	163	183	203	223	243
4	24	44	64	84	104	124	144	164	184	204	224	244
5	25	45	65	85	105	125	145	165	185	205	225	245
6	26	46	66	86	106	126	146	166	186	206	226	246
7	27	47	67	87	107	127	147	167	187	207	227	247
8	28	48	68	88	108	128	148	168	188	208	228	248
9	29	49	69	89	109	129	149	169	189	209	229	249
10	30	50	70	90	110	130	150	170	190	210	230	250
11	31	51	71	91	111	131	151	171	191	211	231	251
12	32	52	72	92	112	132	152	172	192	212	232	252
13	33	53	73	93	113	133	153	173	193	213	233	253
14	34	54	74	94	114	134	154	174	194	214	234	254
15	35	55	75	95	115	135	155	175	195	215	235	255
16	36	56	76	96	116	136	156	176	196	216	236	256
17	37	57	77	97	117	137	157	177	197	217	237	257
18	38	58	78	98	118	138	158	178	198	218	238	258
19	39	59	79	99	119	139	159	179	199	219	239	259
20	40	60	80	100	120	140	160	180	200	220	240	260

星系印記 圖騰表

序號／名稱	圖騰
1 紅龍	
2 白風	
3 藍夜	
4 黃種子	
5 紅蛇	
6 白世界橋	
7 藍手	
8 黃星星	
9 紅月	
10 白狗	
11 藍猴	
12 黃人	
13 紅天行者	
14 白巫師	
15 藍鷹	
16 黃戰士	
17 紅地球	
18 白鏡	
19 藍風暴	
20 黃太陽	

星系印記 調性表

卓爾金曆表中，Kin 數字上方的符號是調性的符號。

調性一覽表如下：

序號／名稱	圖騰
1 磁性	
2 月亮	
3 電力	
4 自我存在	
5 超頻	
6 韻律	
7 共振	
8 銀河星系	
9 太陽	
10 行星	
11 光譜	
12 水晶	
13 宇宙	

02 尋找自己的生命波符

一條完整的波符共有 13 個圖騰，涵括了 13 種調性。

請對照卓爾金曆（p.24），找到自己的 Kin 數字的位置，從此數字依序往前查找（在圖表中的方向是往上，若到頂，再從左側直行的最下面開始往上查找），找到「調性 1」（磁性／1 點）的位置，沿該橫列往左找所屬的圖騰，此圖騰便是這條波符的開頭，也是此波符的命名來源。在圖騰列依序往下，從調性 1 開始到調性 13 為一組，這 13 個圖騰便是一條完整的波符。

例如，星系主印記落在 Kin248 到 Kin260 之間，波符名稱便是「星星波符」。

我們以前面的範例——
主印記「調性 4／自我存在，藍夜，Kin43」來找波符，步驟如下：

step 1 對照卓爾金曆，找到 Kin43 的位置。

step 2 調性是 4 自我存在，從 Kin43 這個數字往前查找，找到「調性 1／磁性」，1 點的地方是 Kin40。

step 3 從 Kin40 這一橫列往左方找圖騰，是「黃太陽」，所以是「黃太陽波符」。

step 4 完整的說法是「Kin43／自我存在藍夜，來自黃太陽波符。」

03 尋找自己的流年印記與波符

　　依「當年的年份」和「自己的出生月日」，依照「尋找星系主印記」（p.20）的方式，計算出 kin 數字，再從卓爾金曆（p.24）中，找到「流年印記」的位置後，根據 Kin 數字往前查找（方式同左頁說明），找到「調性 1 ／磁性」的位置，再往左找該列對應的圖騰，就是流年印記所屬的「流年波符」。

　　因生日固定不變，要查找不同年份時，只要更改「年份」的數字就可以了。

範例
◆ 生日是 2 月 25 日 ◆

　　假設要查詢 2022 年 2 月 25 日開始的流年（流年區間為 2022 年 2 月 25 日～ 2023 年 2 月 24 日）的流年印記，就依照「尋找星系主印記」的方式，計算 2022 年 2 月 25 日的 Kin 數字，就能找到流年印記是「Kin178 ／太陽白鏡，來自白狗波」。

04 合盤印記與波符

　　如果想要探索你跟某個人（或某一些人）合盤印記所在的波符道路，更知道彼此如何互動、如何好好相處，就可以來計算合盤。

首先，把你想要計算合盤的人的 kin 數字全部加起來。超過 260 的數字，要減去 260，最後的數字要在 260 之內，計算後得出的即是合盤印記的 kin 數字。

接著，依此類推，看著卓爾金曆（p.24），找到「合盤印記」的位置後，根據 Kin 數字往前查找（方式同 p.26 說明），找到「調性 1 ／磁性」的位置，就能找到合盤印記所屬的「合盤波符」。

05 星系印記組合盤與波符

從星系主印記延伸，每個人都有一組星系印記組合盤，也可以從這些印記去查找與自己有關的波符類型。

星系印記組合盤以前面計算得出的主印記為中心，往四周延伸出引導、挑戰擴展、支持和隱藏推動，圖示如下：

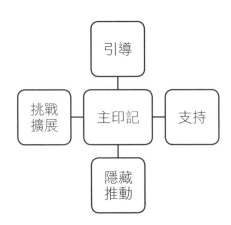

接下來，我們繼續以生日「1991 年 2 月 25 日」為例子，來解說其他印記的尋找方式。

主印記：「調性 4 ／自我存在藍夜，Kin43」。

 找出「支持印記」

1. 找調性

支持印記的調性與主印記相同。以範例來說為「調性 4 ／自我存在」。

2. 找圖騰

請參照 p.25「星系印記圖騰表」。

主印記的圖騰序號＋支持印記的圖騰序號＝ 19

（＊在計算此項時，若主印記為 20 黃太陽，則視為序號 0。）

以範例來說，支持印記的圖騰序號＝ 19 －主印記「3 藍夜」＝ 16「黃戰士」

3. 找 Kin 數字

請參照 p.24「卓爾金曆」，從支持印記的圖騰那一橫列，往右尋找所屬的支持印記之調性那一格。

以範例來說，從 16「黃戰士」這一列，往右找「調性 4 ／自我存在」，Kin 數字為 56。

因此，支持印記為「調性 4 ／自我存在黃戰士，Kin56」。

step 2 找出「挑戰擴展印記」

1. 找調性

挑戰擴展印記的調性與主印記相同。以範例來說為「調性 4 ／自我存在」。

2. 找圖騰

請參照 p.25「星系印記圖騰表」。

若主印記的圖騰序號小於 10，就加 10；若主印記的圖騰序號大於 10，就減 10。所得的數字就是挑戰擴展印記的圖騰序號。

以範例來說，主印記是「3 藍夜」，加 10 之後，得出挑戰擴展印記的圖騰序號為 13「紅天行者」。

3. 找 Kin 數字

請參照 p.24「卓爾金曆」，從挑戰擴展印記的圖騰那一橫列，往右尋找所屬的挑戰擴展印記之調性那一格。

以範例來說，從 13「紅天行者」這一列，往右找「調性 4 ／自我存在」，Kin 數字為 173。

因此，挑戰擴展印記為「調性 4 ／自我存在紅天行者，Kin 173」。

step 3 找出「隱藏推動印記」

1. 找調性

請參照 p.25「星系印記的調性」。

主印記的調性序號＋隱藏推動印記的調性序號＝ 14

以範例來說，隱藏推動印記的調性序號＝ 14 －調性 4 ／自我存在＝調性 10 ／行星，2 橫線。

2. 找圖騰

請參照 p.25「星系印記圖騰表」。

主印記的圖騰序號＋隱藏推動印記的圖騰序號＝ 21

以範例來說，隱藏推動的圖騰序號＝ 21 －主印記「3 藍夜」＝ 18「白鏡」

3. 找 Kin 數字

請參照 p.24 的「卓爾金曆」，從隱藏推動的圖騰那一橫列，往右尋找所屬的隱藏推動之調性那一格。以範例來說，從 18「白鏡」這一橫列，往右找「調性 10 ／行星」，Kin 數字為 218。

因此，隱藏推動印記為「調性 10 ／行星白鏡，Kin218」。

 ## step 4 找出「引導印記」

1. 找調性

引導印記的調性與主印記相同。以範例來說為「調性 4 ／自我存在」。

2. 找圖騰

請參照 p.32 的「調性・圖騰引導表」，先在最左欄找到自己的主印記圖騰，從那一橫列往右找與主印記同調性的圖騰。以範例來說，從主印記「3 藍夜」那一列，找「調性 4」的圖騰，為 19「藍風暴」。

圖騰	調性				
1					
2					
3					
4					
5					
6					
7					
8					
9					
10					
11					
12					
13					
14					
15					
16					
17					
18					
19					
20					

3. 找 Kin 數字

請參照 p.24「卓爾金曆」，從引導印記的圖騰那一橫列，往右尋找所屬的引導印記之調性那一格。

以範例來說，19「藍風暴」這一列，往右找「調性 4」，Kin 數字為 199。

因此，引導印記為「調性 4 ／自我存在藍風暴，Kin199」。

 畫出自己的星系印記組合盤

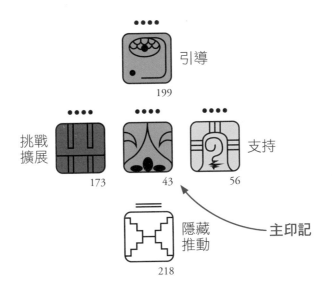

引導
199

挑戰
擴展
173

43

主印記

支持
56

隱藏
推動
218

以範例來說，畫出的星系印記組合盤如上。

主印記：調性 4 ／自我存在藍夜，Kin43

支持印記：調性 4 ／自我存在黃戰士，Kin56

挑戰擴展印記：調性 4 ／自我存在紅天行者，Kin173

隱藏推動印記：調性 10 ／行星白鏡，Kin218

引導印記：調性 4 ／自我存在藍風暴，Kin199

星系印記與生命波符

若要找出其他印記的生命波符，同樣按照 p.26 介紹的「尋找自己的生命波符」的方式來找即可。

星系印記組合盤圖騰範例圖

每一個主印記所計算出的星系印記組合盤，除了「引導」圖騰會跟隨個人主印記的調性而變動之外，其他搭配的支持圖騰、挑戰擴展圖騰和隱藏推動圖騰都是固定的。

右頁列出各主印記的星系印記組合盤圖示。

如果想要直接查詢包含引導圖騰的 260 個 kin 的星系印記組合盤，請翻閱附錄（p.265）查找。

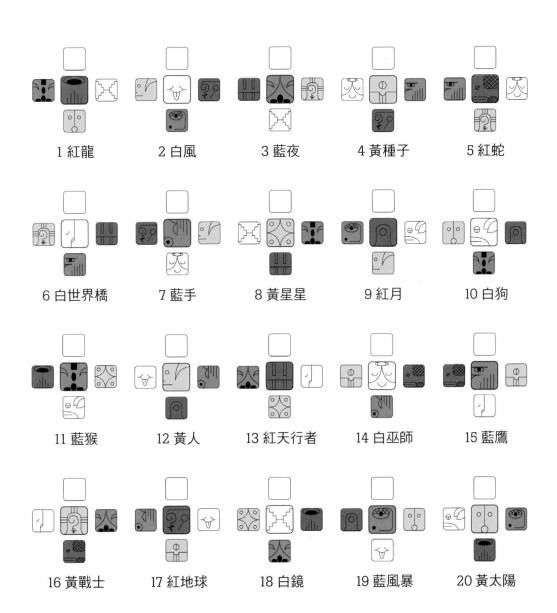

1 紅龍　　2 白風　　3 藍夜　　4 黃種子　　5 紅蛇

6 白世界橋　　7 藍手　　8 黃星星　　9 紅月　　10 白狗

11 藍猴　　12 黃人　　13 紅天行者　　14 白巫師　　15 藍鷹

16 黃戰士　　17 紅地球　　18 白鏡　　19 藍風暴　　20 黃太陽

什麼是波符？

波符指的是前進的方向、運動的軌跡，也可以說是生命前進的道路、將要行走的路徑。

你的主印記落在哪個波符，它就是你的生命波符，代表了你的生命道路將會怎麼走。

怎麼開頭？哪裡是目的地？會在哪裡轉彎？波符都標示得很清楚。

就像是地圖上有十三個標示，你早就已經幫自己布置好了，讓自己可以按圖索驥踏出穩定的步伐，循序前進。

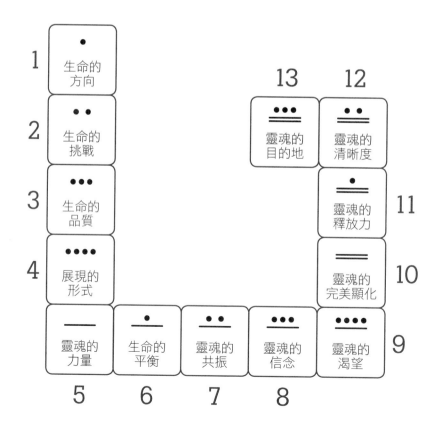

1 **生命的方向**：靈魂的方向，前進的目標。也可以說是使命和
任務最重要的起始點。

2 **生命的挑戰**：靈魂的黑暗面，包括心理陰影，比較恐懼的方
面是什麼？

3 **生命的品質**：靈魂內在的品質是什麼？

4 **展現的形式**：你的靈魂想要做什麼形式的服務呢？

5 **靈魂的力量**：生命想要綻放什麼樣的力量？

6 **生命的平衡**：在人際間溝通互動、尋求關係平衡的方法是什
麼？

7 **靈魂的共振**：你的靈魂是用什麼方式和他人共振呢？

8 **靈魂的信念**：你的靈魂本身內在與生俱來的信念，認為什麼
是重要的？

9 **靈魂的渴望**：靈魂的意願與想望是什麼？

10 **靈魂的完美顯化**：用什麼方式讓自己完美？

11 **靈魂的釋放力**：帶出內在信息的方式。

12 **靈魂的清晰度**：可以合作與奉獻什麼力量？

13 **靈魂的目的地**：你要成為什麼狀態的你？如何分享愛呢？

相同格局架構、不同風格裝潢

同樣的波符，有著同樣的生命架構，同時以獨特的方式來進展。

許多人會好奇，如果是同一個波符的人，生命進展會發生一樣
的事情嗎？

答案是：當然不會。

這世界上的每個人，都用自己獨一無二的方式體驗生命，不會有一模一樣的生命腳本。

即便是誕生在同一條波符，也只代表了生命的「架構」，要學習相同的主題，修練一致的挑戰，因此選了「同一條路」。

然而，怎麼走這條路、用什麼方式來展現，就會依照每個人的創意，以獨特的戲碼和靈魂體驗方式，來完成這場生命的體驗。

我很喜歡用這樣的比喻方式來說。

有一天，你和好朋友都想要買房子，你們同時看上一個新建案，覺得這個社區很有質感，參觀了一下，每棟房子的格局和架構都是一樣的，於是你們一人挑一間後，買下來、搬進去，並依照建商給的格局圖，開始做設計和裝潢。

你喜歡簡約的日式禪風，設計了和室的泡茶區，買了和室椅，鋪上榻榻米，非常舒適。

你的好友喜歡美式鄉村風，找了實木家具、大沙發，蓋上地毯，展現了溫馨的鄉村風格。

一模一樣的相同格局，就像是走在同一條波符，有著相同的生命結構。同時，你們用自己獨特的展現方式，去完成你們想要的舒服溫馨感。

山行者，拿到十三個完整的配備

波符中的十三個調性與圖騰，是同時存在的。

這十三個位置提供了生命中的關鍵提醒與指標訊息，十三個提問則對應了十三個答案，「問句在調性，答案在圖騰」，讓我們完整體驗這一生。

例如，擁有同樣波符的人，也像是登山的山友。你們選擇爬同一座山，路上的指標都相同，而你們也帶了相同的十三個配備。路途中，你們不一定會把所有道具都拿出來使用，看到涼亭也不一定會停下來休息。有人選擇快快前進、想要趕快攻頂，有人選擇了走幾步路就停下來拍照、喝水、吃點食物，再繼續往前走。有人想要倒退走路，有人喜歡邊唱歌邊跳舞前進。

道路一直都在那裡，無論你選擇快步走過，或在某處多駐足停留一會兒。

每個人都會以自己最獨特的方式來體驗這條道路。

在同一條生命波符的人，正是在同一條道路上的「同道中人」。當我們真正走在路途中時，每個人都會看到不同的風景，欣賞不同的風光，卻又特別能夠體會一路走來的酸甜與甘苦。

波符與日常生活

　　若將波符運用在每天生活的日期中，十三個 Kin 數字就代表了十三天，一天走一格，每天有著不同的提問與答案：「問句在調性，答案在圖騰」，以波符來完整體驗十三天的「波符主題」力量。

　　從 Kin1 到 Kin260，我們會一直不斷地經歷其中二十個波符的循環。

當日子走到我們的生命波符

　　因為每個人的主印記一定會是生命波符的其中一格。若是當天的日子剛好遇到你的主印記 Kin 數字，則那天就是你的「星系印記日」（Kin Kin Day）。

範例

　　例如，你個人的主印記為磁性白巫師，而 2020 年 12 月 28 日這天的主印記也是磁性白巫師（以當天的年月日代入 p.19 ～ 20 的主印記算法，即可得知），那麼當天就是你的「星系印記日」。

當日子走到自己的生命波符時，請特別留意，這是再次回到你本然生命道路的機會。

重新修練自己生命波符裡的課題，並再回到自己身上，成為你原本的樣子。

這十三天也正意味著你生命的微型縮影。

經過這十三天，有意識地調頻，你能再次校準原有的頻率，帶著更多力量繼續往前。

當日子走到我們的流年波符

由於卓爾金曆是以 260 天為一個循環，同一個印記每隔 260 天就會出現一次（此算法是以該印記所在的當天為第一天）。所以，在自己生日的 260 天後，就會再次遇到自己當年的「流年印記」與「流年波符」。例如：生日當天的流年印記是 Kin120 電力黃太陽，260 天後那一天的印記，一樣會是 Kin120 電力黃太陽。（小提醒：每個人每年的流年印記都不同，算法請見 p.27 的說明。）

在當年度再次走到自己的流年波符時，請特別留意——這是再次調頻校準「流年優勢力量」的時刻。

每個人在一年當中，都有一次的機會能與當年的自己再次相遇。

重新修練當年度的課題，並再回到自己身上，確認自己的力量主題。

這彷彿是宇宙給的機會。

親愛的孩子，在自己生日的 260 天後，再度遇到流年印記的這一天，再幫自己慶祝一次生日吧！就當作是重生的時刻。

　　謝謝自己一路堅持到這裡，謝謝自己沒有放棄，感謝著並回顧這些日子，幫自己歡慶一場。

　　在這流年波符的十三天，有意識地調頻，修正自己的方向、想法或做法，你能再次校準當年度的個人頻率，帶著更多力量，勇敢繼續往前。

動手畫，是調頻最好的方法

　　親自動手繪圖，透過你的雙手去連結這些圖騰頻率，正是調頻校準最快的方法。

　　我聽過好多曆法學習者的分享，他們都表示，因為每個圖騰都是自己算出來的，也是自己好好畫出來的，能夠學習得特別快，可以融會貫通地運用，甚至在生活中開始產生極大的變化與進展。

　　反倒是透過手機或應用程式查找的，有時候比較難連結頻率。

　　因此，我特別鼓勵大家在調頻的過程中「由自己計算並畫出來」，透過將一個個圖騰與波符排列畫出來，你便會很清楚且直接地明白力量的來源，以及哪裡有轉彎、為什麼會如此。幫自己一個個慢慢「解密」的過程，是非常奇妙的連結生命本源的體驗。

「動手計算」也是我們學習過程中非常重要的關鍵，如此一來，你才會知道自己哪裡畫錯，而且我們有書籍可以對照、檢驗正確度。畫完之後再對照，是比較好的方法。當我們經歷親自動手的過程，其實也已經在為自己調頻了。

　　準備好了嗎？
　　帶著這些印記與波符的資訊，我們要一起進入這神奇的世界。
　　以寬廣的視角，啟動這張神祕地圖。
　　深吸一口氣，翻開下一個篇章。

CHAPTER 02

十三月亮曆法的多層次概念：
五座城堡

許多十三月亮曆法學習者，在學習的過程中，一層一層揭開自己生命的密碼，就像爬金字塔一樣，一階一階往上攀升。現在，我們來到金字塔的頂端。

　　當我們往下俯瞰，便能看見整個卓爾金曆，它不是以原有的平面整齊排列，而是以「立體版」的「波符」形式開展，波符的轉彎帶起「螺旋綻放」，建構成「五座城堡」，生命道路在眼前開展。

　　因為每一座城堡都有其「獨特的屬性」以及所涵蓋的範圍，整體彷彿形成了一個可觀看的「生命藍圖」或「生活藍圖」，線索就在其中，等待我們去發現。

　　（備註：這五座城堡圖是每個人都通用的，與個人的「五十二年流年命運城堡」並不相同。）

城 堡 的 特 點

- 協助我們用立體螺旋的方式來全觀「卓爾金曆」的 260Kin。
  一條波符有 13 個 kin，20 個波符 ×13Kin ＝ 260Kin。

- 一座城堡有四條波符，紅（東）、白（北）、藍（西）、黃（南）各一。
  4×13Kin ＝ 52Kin，形成一個城堡。

- 整體共有五座城堡，紅（東）、白（北）、藍（西）、黃（南）、
  綠（中央）各一。

- 5×52Kin ＝ 260Kin，組成一個魔法飛船。

請把第一章所獲得的主印記波符資訊，帶到這裡。

對照一下，該波符是落在哪一座城堡，攜帶著什麼樣的品質呢？

單獨看過主印記帶出的生命波符之後，還可以進階看支持、挑
戰擴展、隱藏推動、引導等印記所在的波符。

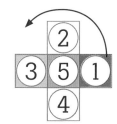

② 白色北方跨越城堡
跨越與淨化的力量
Kin 53-104

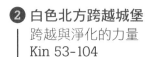

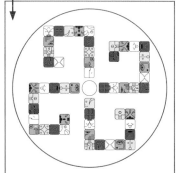

③ 藍色西方蛻變城堡
改變與轉化的力量
Kin 105-156

① 紅色東方啟動城堡
啟動與開創的力量
Kin 1-52

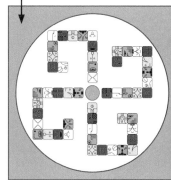

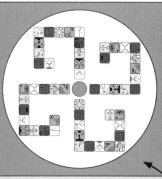

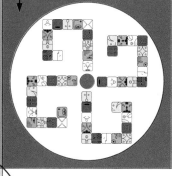

⑤ 綠色中央魔法城堡
共時與施展魔法的力量
Kin 209-260

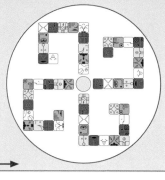

③ 黃色南方給予城堡
收穫與給予的力量
Kin 157-208

城堡與波符

01 紅色東方啟動城堡：啟動與開創的力量

Kin1 ～ Kin52
誕生的力量
開始萌芽的種子

　　如果星系印記組合盤裡的印記落在 Kin1 ～ Kin52 這四條波符裡，帶有開始的特性，誕生的力量。

　　這一個「轉動」的力量，讓你的特質有「很會開始一件新事物」的動能，**這是關於啟動、發動、新開始的城堡。**

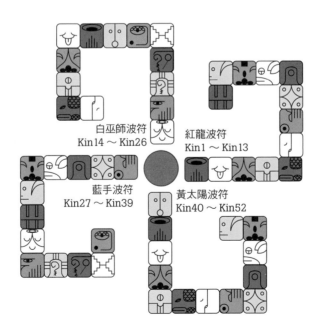

白巫師波符
Kin14 ～ Kin26

紅龍波符
Kin1 ～ Kin13

藍手波符
Kin27 ～ Kin39

黃太陽波符
Kin40 ～ Kin52

02 白色北方跨越城堡：跨越與淨化的力量

Kin53 ～ Kin104
放下的力量
精鍊的戰士

　　如果星系印記組合盤裡的印記落在 Kin53 ～ Kin104 這四條波符裡，帶有淨化的特性，在清理與放下之後，具有單純且純淨的力量。

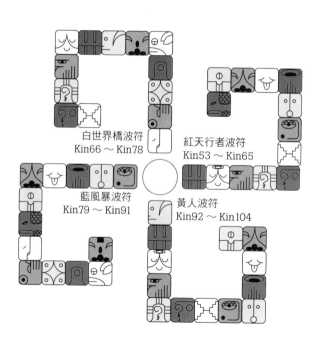

白世界橋波符
Kin66 ～ Kin78

紅天行者波符
Kin53 ～ Kin65

藍風暴波符
Kin79 ～ Kin91

黃人波符
Kin92 ～ Kin104

03 藍色西方蛻變城堡：改變與轉化的力量

Kin105 ～ Kin156
魔術的力量
轉變的星星

如果星系印記組合盤裡的印記落在 Kin105 ～ Kin156 這四條波符裡，**帶有改變、轉化的特性，有著靈活且變動的力量**，像是魔術師一樣，幻化各種神奇。

同時，也具有「燃燒」的勢能，就像「煉金」，帶領我們的生命「去蕪存菁」。

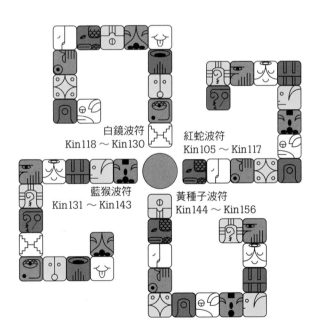

白鏡波符
Kin118 ～ Kin130

紅蛇波符
Kin105 ～ Kin117

藍猴波符
Kin131 ～ Kin143

黃種子波符
Kin144 ～ Kin156

04 黃色南方給予城堡：收穫與給予的力量

Kin157 ～ Kin208
智慧的力量
成熟的太陽

如果星系印記組合盤裡的印記落在 Kin157 ～ Kin208 這四條波符裡，**帶有付出的特性**，因著生命的豐盛，獲得滿滿的豐收，更懂得如何給予。收穫如此多的豐盛與智慧，讓我們更有能力給予。

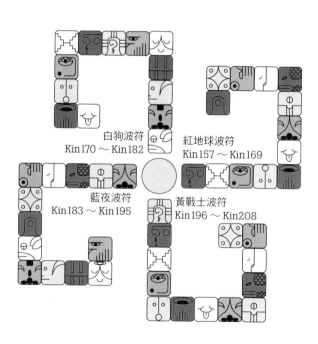

白狗波符
Kin170 ～ Kin182

紅地球波符
Kin157 ～ Kin169

藍夜波符
Kin183 ～ Kin195

黃戰士波符
Kin196 ～ Kin208

05 綠色中央魔法城堡：共時與施展魔法的力量

Kin209～Kin260
共時的力量
人類本質的同步共時性

如果星系印記組合盤裡的印記落在 Kin209～Kin260 這四條波符裡，**帶有施展魔法的特性**，與宇宙核心同頻，感受宇宙與你共時開展、共同創造的力量。

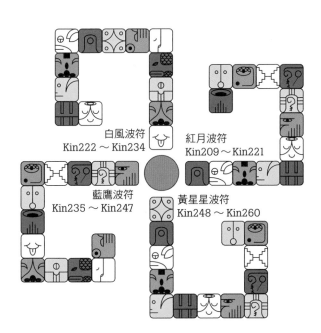

白風波符
Kin222～Kin234

紅月波符
Kin209～Kin221

藍鷹波符
Kin235～Kin247

黃星星波符
Kin248～Kin260

學習認識「城堡」的重要性

1. 「日常生活」之點、線、面
   * 能更全觀、更高維度地過著生活每一天
   * 知道生活中當下的日子走到哪裡（點：單一天／Kin）
   * 目前坐落的波符位置（線：13 天／一個波符）及其關鍵能量，要如何在日常中展現共時
   * 接下來往何種方向勢能（面：52 天／一座城堡）前進
     ➡ 進一步的解說請見 p.56。

2. 「宇宙頻率」之點、線、面
   * 能以更大的視角觀看宇宙「年度力量」印記所在之位置
   * 點：當年度之宇宙年度印記，及所在的波符
   * 線：13 年大週期宇宙年度印記，以及坐落的城堡位置
   * 面：大格局 52 年宇宙整體走向
     ➡ 進一步的解說請見 p.58。

3. 個人小宇宙與大宇宙頻率交疊著，彼此互相交會著，偶爾有所交集，同頻共振。

4. 透過宇宙導航，引導我們定位自己、不迷失方向，錨定我們的位置，多層次同時並進，協助我們在生命藍圖中穩健前進。
5. 以宇宙高維度的視角進行調頻，校準個人的生命藍圖。

在個人的生命藍圖裡，有著宇宙的藍圖。
宇宙的計畫裡，有著你的個人計畫。
你的生命藍圖，早就與宇宙的創造合而為一。
我們的每一步，都是宇宙的共同創造。
走在個人道路上，更是宇宙同行的道途。

是的，親愛的家人們，
我們永在宇宙的懷抱裡，永在宇宙的計畫中，
永在宇宙愛的道路上。
當我們孤單挫折時，抬頭仰望星空，那裡有宇宙的同在。

不管怎樣，我們都在 260 個印記裡被宇宙好好地接住。
於此同時，在每個時刻，你也能好好地接住自己。

「日常生活」
點、線、面的解說

「點」 是指當天的印記，計算方式同 p.19 ～ 20 的星系主印記，用當天的年月日代入即可。

「線」 是指當天印記所在的波符，尋找方式同 p.26 的「尋找自己的生命波符」。

「面」 是指當天波符所在的城堡，翻閱 p.49 ～ 53，即可查找該波符所在的城堡。

範例
◆ 生日是 5 月 5 日 ◆

點 當下的日子，西元 2021 年 5 月 5 日，當日印記 Kin142 水晶白風。

水晶白風 Kin142

想法、思考、表達，清晰且通透，吃吃喝喝，開心聊天。
你能有意識地，透過呼吸，讓頭腦更加清晰。
聲音、說話、呼吸，都是你最能夠與他人合作的方法。
你能奉獻出清晰的腦袋，讓心靈的力量得以分享並傳遞。
傳遞真實與美好的語言，在合作關係中開展美麗的互動。

線 藍猴波符，也是整個卓爾金曆的第 11 個波符。

藍猴波符

從西元 2021 年 4 月 24 日（Kin131 磁性藍猴）～
5 月 6 日（Kin143 宇宙藍夜）。
關鍵能量是玩耍、遊戲、魔法、幽默感、認真就輸了，讓詼諧力量可以破除頭腦小劇場的把戲。

生活共時展現

你會容易遇到搞笑、莫名其妙、被耍的荒唐事情，或感覺好像做白工，甚至會懷疑這是幻覺嗎？而這些共時的現象，都是為了提醒我們學習「幽默以對」，當我們能輕鬆一笑，就能在瞬間恍然大悟，因為現在正是藍猴的區段日子呀！不妨把這些事當作宇宙在跟我們開玩笑，鍛鍊我們的幽默感！

調頻的好方法

1. 安排玩樂的行程，大玩特玩，開心玩樂。
2. 舉辦團體聚會，特別是同學會、同樂會，肯定開心。
3. 如果選在這日期區段舉辦一些分享活動或課程，可以多採用遊戲的方式
   來進行。

面 坐落在「藍色西方蛻變城堡」的藍色轉化位置（正是進入雙倍藍色
的轉化波符）帶來改變、轉化、蛻變的品質。

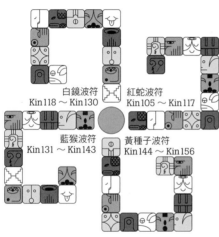

白鏡波符　　　紅蛇波符
Kin118～Kin130　Kin105～Kin117

藍猴波符　　　黃種子波符
Kin131～Kin143　Kin144～Kin156

藍色城堡

從西元 2021 年 3 月 29 日開始，就要進入藍色城堡，帶領我們進入卓爾金曆最核心的轉化區域，掀起一股改變與轉換的勢能。一直到西元 2021 年 5 月 19 日，共有 52 天在藍色城堡裡。準備好迎接改變到來。

接著，下一個波符就是黃種子波符，將往「目標明確、耐心等待、信心與力量、綻放開花與結果」的勢能前進。

再接下來，西元 2021 年 5 月 20 日到 7 月 10 日，進入下一座城堡「黃色給予城堡」（Kin157～Kin208），開始收穫與豐收，給出服務與分享，貢獻自己的豐盛。

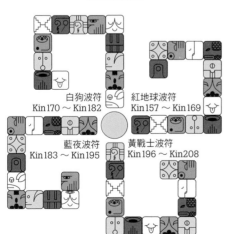

白狗波符　　　紅地球波符
Kin170～Kin182　Kin157～Kin169

藍夜波符　　　黃戰士波符
Kin183～Kin195　Kin196～Kin208

黃色城堡

「宇宙頻率」
點、線、面的解說

「點」 是指馬雅年度第一天（7月26日）的印記，以這天來計算下一個馬雅年度的宇宙頻率，計算方式同 p.19～20 的星系主印記，用當天的年月日代入即可。

「線」 是指馬雅年度第一天所在的波符，尋找方式同 p.26 的「尋找自己的生命波符」。

「面」 是指馬雅年度第一天波符所在的城堡，翻閱 p.49～53，即可查找該波符所在的城堡。

範例
◆ 生日是 7 月 26 日 ◆

點 當年度之年度印記，西元 2021 年 7 月 26 日當日印記 Kin224 電力黃種子，白風波符。

電力黃種子 Kin224

你生命的發電廠，名叫「樂觀」。

散發出樂觀的態度及語言，是你在生活中最好的服務品質。

你內在有著一份穩定扎實的力量，包含了自我鼓勵的自信，並給予鼓勵他人的信心。

覺察自己所種下的意念，帶著對自己、人、事件與生命的信任去等待，給予自己足夠的時間去完成目標。

「給予耐心」，允許有足夠的時間去等待。「慢慢來」，是你在對待自己與他人時很重要的關鍵品質。

線 Kin224 電力黃種子，是白風波符。

白風波符 Kin222 ～ Kin234

整個卓爾金曆的第 18 條波符。

這是一條「精神力量」的波符，代表了思考著並說出美好語言的心靈傳遞者。

好好呼吸，好好吃飯，好好說話。藉由你的意念，讓天空晴朗。透過你的呼吸，為心充電。

面 坐落在「綠色中央魔法城堡」的白色淨化位置，帶來靈性、淨化與單純的品質。

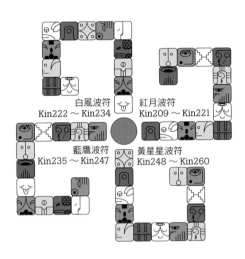

白風波符　　　　紅月波符
Kin222～Kin234　　Kin209～Kin221

藍鷹波符　　　　黃星星波符
Kin235～Kin247　　Kin248～Kin260

綠色城堡

白風波符坐落在綠色中央魔法城堡：共時與施展魔法的力量
（Kin209～Kin260）

代表「共時」的力量，以及人類本質的同步共時性。

帶有施展魔法的特性，與宇宙核心同頻，感受宇宙與你共時開展、共同創造的力量。

CHAPTER 03

走上我的道路：
二十個波符整體解析

小複習：波符的 13 個關鍵指標

調性編號／名稱	符號	關鍵問句
❶ 磁性	•	**What is my purpose?** 我的目的是什麼？ 生命的方向。靈魂的方向，前進的目標。可以說是使命和任務最重要的起始點。
❷ 月亮	••	**What is my challenge?** 我的挑戰是什麼？ 生命的挑戰。靈魂的黑暗面，包括心理陰影，比較恐懼的方面是什麼？
❸ 電力	•••	**How can I best serve?** 我要如何給予最好的服務？ 生命的品質。靈魂內在想要服務的品質是什麼？
❹ 自我存在	••••	**What is the form my service will take?** 我要用什麼方式服務？ 展現的形式。你的靈魂想要做什麼形式的服務呢？
❺ 超頻	——	**How can I best empower myself?** 我要如何賦予自己最佳力量？ 靈魂的力量。生命想要綻放什麼樣的力量？這是波符轉彎的位置，也是特別重要的力量發揮之處。
❻ 韻律	•̶	**How can I extend my equality to others?** 我要如何將平等向外擴展？ 生命的平衡。在人際間溝通互動，尋求關係平衡的方法是什麼？
❼ 共振	•̶•	**How can I attune my service to others?** 我要如何使我的服務與他人協調？ 靈魂的共振。你的靈魂是用什麼方式和他人共振呢？

調性編號／名稱	符號	關鍵問句
❽ 銀河星系	⋯	**Do I live what I believe?** **我是否活出自己的信念？** 靈魂的信念。你的靈魂本身內在與身俱來的相信，認為什麼是重要的？
❾ 太陽	⋯⋅	**How do I attain my purpose?** **我想如何完成我的目的？** 靈魂的渴望。靈魂的意願與想望是什麼？ 這是波符轉彎的位置，也是特別重要的力量發揮之處。
❿ 行星	═	**How do I perfect what I do?** **我該如何完美完成？** 靈魂的完美顯化。用什麼方式讓自己完美？想要顯化什麼？
⓫ 光譜	≛	**How do I release and let go?** **我該如何釋放與放下？** 靈魂的釋放力。如何放下？釋放潛能的方法，帶出內在信息的方式。
⓬ 水晶	⸬	**How can I dedicate myself to all that lives?** **我該如何將自己奉獻給所有生命？** 靈魂的清晰度。可以用什麼來與他人合作？能奉獻什麼力量？
⓭ 宇宙	⸭	**How can I expand my joy and love?** **我該如何散播我的喜悅與愛？** 靈魂的目的地。你要用什麼狀態的智慧來分享愛？又如何回到當下並超越自我呢？

在這個章節，我帶著大家來逐一認識每個波符的力量。

上路前，請把這些句子放在心中：

「我的生命是要來開展什麼、學習什麼、奉獻什麼、活出什麼力量。」

走到主印記所在的波符位置時，拿放大鏡來聚焦一下，確認自己的所在。

（請記住：星系印記組合盤裡的印記所在的波符都適用！）

第一座城堡・紅色東方啟動城堡
啟動與開創的力量

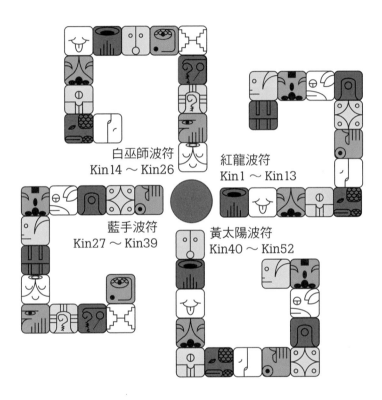

白巫師波符
Kin14～Kin26

紅龍波符
Kin1～Kin13

藍手波符
Kin27～Kin39

黃太陽波符
Kin40～Kin52

1. 紅龍波符／創造波符

Kin1 ～ Kin13，適合發起新事物的起頭開創力量。

坐落在「紅色東方啟動城堡」的啟動位置，也是整個卓爾金曆的第一個波符。

一起連結源頭、古老智慧，開始的原動力。

因為是第一個波符，一切如新，一切都是從無到有的創造。

在啟動城堡的啟動波符，帶有雙倍「啟動」、雙倍「開始」的力量。

紅龍波的人常常想著：

我要做沒有人做過的事。

帶著原有的資源，創造新的局面。

印記名人語錄

村上春樹（日本知名小說家）
kin9 太陽紅月，紅龍波符

不管全世界所有人怎麼說，
我都認為自己的感受才是正確的。
無論別人怎麼看，
我絕不打亂自己的節奏。
喜歡的事自然可以堅持，
不喜歡怎麼也長久不了。

——《關於跑步，我說的其實是……》
時報出版

磁性紅龍 Kin1

紅龍波的你，就是能把古老智慧傳承帶到世界上來，並且加以創新的人。

這些古老傳承，就像是從宇宙子宮（母體羊水）的滋養孕育象徵，是要來滋養人們的。只要是「跟源頭連結」的力量，你們都有著一定的緣分、有機會能接觸到這些系統。

歷史文化、家族或家庭發展史、古蹟脈絡、塔羅占星、聖地旅行、古文明探索等。

常常跟自己的家庭有很深的連結，家人也很喜歡找你們處理事情，因此在家中常常扮演舉足輕重的角色，而自己也能從家庭當中獲得很多滋養力量。

紅龍波的人，如何能把這些過往的記憶、根源的業力，轉化成能夠滋養自己向前走的原動力，不再受其牽制，甚至能帶領身邊的人一起成長，是此生最重要的任務了。

月亮　我的挑戰是什麼？ What is my challenge?

 月亮白風 Kin2

在語言表達上，有著強烈清晰的立場。

想法裡認為某件事情的好或壞、對與錯，都在表達中容易呈現出來。

如果說，遇到某些人的想法和觀念與你不一致的狀況下，或者是遇到價值觀思考不同，通常會特別容易挑起自己的二元對立，這時候情緒與黑暗面就會容易被翻上來。

學習看見自己的是非黑白與二元性，並且表達清楚的立場，找到讓自己舒服的溝通方式。

電力 我要如何給予最好的服務？ How can I best serve?

電力藍夜 Kin3

紅龍波的人，很要求自己給出的服務品質一定都是「豐盛高級感」。
大方慷慨、豐盛華麗、從內到外的豐盛，是品質的關鍵字。
以「夢想」或「直覺潛意識」來服務自己，讓夢想與直覺成為你的
發電器。
擅長與他人討論夢想，關於生涯規畫的歷程中，你最渴望的是什麼
呢？如果有一個夢想能夠去實現，你最希望美夢成真的是什麼呢？
這是一份夢想的啟發與激勵，並且在夢境的潛意識中能找到線索。
服務他人時，更把自己築夢之路的歷程分享出來，帶領更多人找到
生命電力的所在。

自我存在 我要用什麼方式服務？
What is the form my service will take?

自我存在黃種子 Kin4

豐盛的夢想，需要落實的力量。
你所想呈現的形式，通常都會是與帶給人們信心、自我覺察有關。
在鼓勵他人之前，最重要的是要先給予自己信心，並帶入覺察意念。
同時，找到生命發展的目標，確定目標是什麼，需要醞釀足夠的時
間，等待結果自然呈現。
不要急，只需要確認目標，接著落實你的行動。種子的扎根與落地，
內涵良善的力量。對生命單純地信任，就能夠懷抱希望，讓自己的
目標得以顯現。

超頻 我要如何賦予自己最佳力量？
How can I best empower myself?

 超頻紅蛇 Kin5

以「身體」來綻放力量，透過身體的鍛鍊，以及身體健康的各種飲食調整。

若是身體失去健康，也意味著無法展現生命力量，生存的議題馬上受到威脅。

當身體有能量，就更有力量去回應生活，更激發出最原本的熱情。

生命力量來自於身體能量，展開力量的方式，也是透過身體感知與回應。善用身體直覺力，聆聽身體給的訊息，感受身體當下的感受。

活出你的熱情、綻放你的性感與活力！不害羞展現自己的肢體語言！

韻律 我要如何將平等向外擴展？
How can I extend my equality to others?

 韻律白世界橋 Kin6

你是人與人之間連結的橋樑，許多不同的人會因為你而連結上彼此。

當然，有些人天生可以感知到不同次元的力量，因此也包括天與地之間的能量連結。

在人際之間溝通與互動的過程中，合則來、不合則去，這是你的交友原則。

很容易看淡與放下，「沒關係，道不同不相為謀，祝福彼此吧」。各自回到自己的平衡，不用執著，更不需要勉強彼此。

共振 我要如何使我的服務與他人協調？
How can I attune my service to others?

 共振藍手 Kin7

你的雙手非常有療癒力，透過雙手來感知這個世界，並學習各種知識。
透過雙手本身，以及你的創作、手作物品或食物，與他人連結。
擅長以雙手來進行療癒（自我療癒或療癒他人），並與他人產生同頻共振。
回到自己核心的方式，亦即「做就對了」。Just Do It！
行動本身就是關鍵，能把頭腦的知識或資訊化為「知道」的重要關鍵力量。
當你親身行動，就會獲得答案。這是把自己帶回來的絕佳好方法。

銀河星系 我是否活出自己的信念？ **Do I live what I believe?**

 銀河黃星星 Kin8

你相信美感與藝術是生活中重要不可或缺的元素。
生活的展現，就是藝術的融合能量，擅長接收靈感，展現於生活裡，
並且把美感品味展現在你的工作上，甚至表達於藝術作品呈現上。
優雅地整合內在與外在，同時又有像藝術家一般的挑剔性格。
透過藝術與美感的創作，你有機會整合自己生命中的想法、感受與各種體驗。
透過「美」或「欣賞美感、體驗美感」這件事，支持自己，活出你的優雅。

太陽 我該如何完成我的目的？ How do I attain my purpose?

 太陽紅月 Kin9

想要流動，想要表達感受，想要感同身受。

情緒的表達是重要的，讓自己可以順暢流動地展現自己的心情。

多觀察自己都是如何回應自身的情緒感受，是理性處理、冷淡及忽略，還是情緒化大崩潰的類型呢？

當自己的感受得到淨化與療癒之後，也渴望把這一種療癒力量帶給身邊的人。

在情緒清理與淨化過程中，再次覺知自己如何被過去所影響，同時釋放過往業力的綑綁，以及家庭給予的限制與壓力。

同時，透過淨化與情緒流動性，帶出療癒的能量，把古老智慧的療癒系統更加落實在生活裡。

行星 我該如何完美顯化？ How do I perfect what I do?

 行星白狗 Kin10

生命裡最完美的事情，就是忠於自己的心，就是對自己的愛。

很忠誠地去對待自己內在真正的感受，當內在對自己的愛夠飽滿、被愛的能量充滿時，你就更容易去顯化並創造出更多完美的事物。

不必忙著愛別人，不必忙著去處理別人的問題，不用以「別人有沒有愛你」來證明自己是否足夠完美。

你對自己的愛，就已讓你的生命完美。當內在的愛滿溢，他人也共享這份完美的單純之愛。

光譜　我該如何釋放與放下？ How do I release and let go?

 光譜藍猴 Kin11

你想要讓自己的生命獲得解放和自由嗎？請你拿出幽默感吧！

幽默感，就是你天生配備的靈魂釋放力。

幽默詼諧的力量，可以協助自己更容易放下那些很難放下的，可以看穿事情表面的假象。

透過遊戲、玩耍，讓自己像魔術師那樣好玩有趣。把內在的靈感創意與智慧，源源不絕地帶出來。

水晶　我該如何將自己奉獻給所有生命？
How can I dedicate myself to all that lives?

 水晶黃人 Kin12

你對於「是否自由」或「生命是不是自由自在」這件事情看得最清晰透澈。

你在生命中所能貢獻奉獻的，就是自由的品質。

當你能夠把自己的智慧思考，以及自由意志的決定與抉擇呈現出來的時候，與你相遇的人都可以透過這樣的互動，帶給彼此更多的自由。亦即當你越展現自由，互動關係也就越自由。

你對於「是否有遵照自己的自由意願去做出決定」這件事情特別的敏感，在與他人的合作關係當中，你也學會能夠尊重彼此的意願和想法，各自表述、有各自的立場，清楚地表達與溝通。

宇宙 我該如何散播我的喜悅與愛？
How can I expand my joy and love?

 宇宙紅天行者 Kin13

透過探索生命、體驗各種不同的事物，成為在各地到處移動的分享者。

對生命的好奇，帶領我們進入各種體驗，並探索各種空間。

單純就只是好奇，只是想要體驗那些沒有體驗過的，並把體驗到的各種人生滋味，匯聚成宇宙級的智慧全書，擴散分享出去。

宇宙紅天行者預言家，能夠鑑往知來，看到過往的經驗與影響，再次回到當下，並把這些曾經有的體驗與經驗，化為超越自我的力量、化成前進的資源，在生命中持續散播喜悅與愛。

2. 白巫師波符／魔法波符

Kin14 ～ Kin26，擁有快速顯化心想事成的魔法。

坐落在「紅色東方啟動城堡」的白色淨化位置，也是整個卓爾金曆的第二個波符，帶來淨化與單純的品質。

白巫師波的人常常想著：
我要專心從內心去創造我想要的，
其他煩人的事，別來打擾我。

印記名人
語錄

波爾斯（Friz Perls，完形治療創始人）
Kin26 宇宙白世界橋，白巫師波符

自我覺察，是完形治療最重要的目的，
特別是傾聽身體的感覺。
不專注於過去，也不專注於未來，
而是著重於在現在，即此時此刻。
力量存在於現在！

磁性　我的目的是什麼？ What is my purpose?

 磁性白巫師 Kin14

巫師波的你，就是能把「內在心智」創造於外在世界的人，把「永恆」帶入這個世界。

連結不同次元，破除線性時間的框架。

時間，不再只是時鐘上的時間，而是進入內在心理時間。我們會說這種無時間感，就是進入當下的永恆狀態。

有超感知力，能把心中的想法與意念，顯化在實際生活中。

專注地回到自己，內心有答案，透過自己內心的連結天賦去感知這個世界。

巫師波的人，從內心去確認意念，正確吸引自己要的目標與方向。

同時，如何能不被時間綁架（不要變成一個時間控），又能更把焦點放回自己的內心，是此生最重要的任務了。

月亮　我的挑戰是什麼？ What is my challenge?

 月亮藍鷹 Kin15

你會只想要處理眼前的事情，而忘了把事情想得遠一點。

當挑戰來了，狀況題出現時，會突顯出自己是否太過自我、是否只看到自己而忽略別人。

「看得遠一點」的意思，亦即你在當下要練習「想得深一點」。

這是一個「看見」的能力，看見核心關鍵，看見不同的角度，以及換位思考。

在黑暗之處，打開光亮。在看不到的地方，練習看見。

電力 我要如何給予最好的服務？ How can I best serve?

 電力黃戰士 Kin 16

你生命的發電廠，名叫「勇敢的戰士」。

勇敢提出你內心的困惑與質疑，大膽的發問，都是你的天賦。

在生命裡，你會經歷種種難題，這些都是為了要增加你的電力配備。

當你越不害怕「來吧！有什麼問題，就來解決吧！」，那麼生命更是全力回應並給足電力，讓你增加更多十足勇敢的智慧。

直接承擔、面對問題，問題就已經解決大半了。

自我存在 我要用什麼方式服務？
What is the form my service will take?

 自我存在紅地球 Kin 17

讓自己穩定又自在的方法，就是能認出共時的事件，學會運用臣服與順流。生命自然導航往對的方向前進。

實際的作法，會與大自然的能量有關。

或許你能透過旅行回歸大自然，找到屬於自己的歸屬感。

日常中，接觸綠地、公園、花草樹木，擁抱大樹、吃天然食物，讓自己穩定接地氣。

當然，你也會喜歡接觸水晶礦石、精油、花精、靈性彩油等，以及自然療法。

超頻　我要如何賦予自己最佳力量？
How can I best empower myself?

 超頻白鏡 Kin 18

你是一面「放大鏡」，很容易放大了你所有的投射。

記住，你相遇的人、發生的事，都得當成自己的鏡子來做觀照，看自己投射些什麼在別人身上。生命中最大的力量，就是「觀照自己」，把反照的力量拿來使用，透過「承認、自我接納」來綻放力量。

你對人性看得很清楚，這是你的天賦。你可以放大這樣的優勢力量，透過「多提供同理支持與優點」回饋給自己與他人，讓彼此一直形成「正向迴圈般」無窮無盡的反射力量。

韻律　我要如何將平等向外擴展？
How can I extend my equality to others?

 韻律藍風暴 Kin 19

你的前進快慢，有著自己的速度，有自己專屬的節奏。

不必隨著外在世界而強迫自己改變，因為改變是自然而然地到來，只需要專注在自己。

當你感受到身心靈各方面有「不平衡」出現時，就會想要「動」起來，想「變一下」。

自己的變動，帶起關係中的改變。也因為自己已經有所不同了，所以互動關係也產生變化。

當風暴過後，原本穩定的關係不只更加穩定，還有新的建設出現。

同樣地，原本該摧毀的失衡現象，也會隨著風暴而消逝了。

共振 我要如何使我的服務與他人協調？
How can I attune my service to others?

 共振黃太陽 Kin20

溫暖地支持他人，是你最能給予的共振力量。
在生活中，因著自身的豐富體驗，經歷許多不同的風景與面貌，對
於生活的智慧有一套自己的獨特見解，也因此特別溫暖與同理他人，
願意給出支持與關懷。
提供生命經驗的分享，用自己淬鍊的覺醒光芒，去共振給身邊的有
緣人。
回到核心的方式，就是回到自己的生命經驗，去感受那份一路走來
不容易的歷程。
成為溫暖的小太陽，把光芒共振給他人。

銀河星系 我是否活出自己的信念？ Do I live what I believe?

 銀河紅龍 Kin21

這是一份整合的力量。「內在相信」支持著「外在的行動」，整合起
來，內外一致。
讓知識不只是知識，經驗不只是經驗，從源頭而來的滋養力量可以
真正為我們所用。
你相信什麼，就真的活出這樣的狀態。
看見自己曾經受到過往經驗的影響，相信這些力量能帶來生命整合
的動力。
把古老傳承與智慧，以及家族給予的力量，整合到生活中，運用出
來。

太陽　我該如何完成我的目的？ How do I attain my purpose?

 太陽白風 Kin22

想要分享、傳遞、給出更多美味好吃的精神糧食。

想法、思考、語言、歌聲，都是能滋養我們自己內在精神世界的豐富饗宴。

當我們帶著微笑，吹出「美麗的風」，傳遞我們的讚美。

對自己、對他人、對任何想要完成的事，我們「只說我們想要它發生的狀況」。

對焦於渴望，只說出意願及渴望，只說出想要收進心裡的話。

行星　我該如何完美顯化？ How do I perfect what I do?

 行星藍夜 Kin23

生命裡最完美的事情，就是勇於追求「夢想」。

有時，你會覺得夢想只是夢想，就「在夢中想一想就好」，因此這種完美的感受永遠只停留在想像，無法真的實現。

要讓自己的生命更完美，唯一的方法就是勇敢做夢、大膽嘗試，給出自己夢想的行動力吧！

因為，你真的很想要顯化「夢想成真」這件事吧！

同時，你能完美運用「夢境與潛意識素材」，若能記錄夢境、進行潛意識的探索，都能讓你的夢想道路中有更多輔助，更完美無瑕。

光譜　我該如何釋放與放下？ How do I release and let go?

 光譜黃種子 Kin24

首先，確認你的目標，並且給予足夠的信心。

你相信自己內在蘊藏著無限潛能嗎？

你是否信任自己真的能夠做到？

你有看見自己內在的價值與良善之心嗎？

確定目標是什麼之後，需要你的愛心灌溉，醞釀足夠的時間，等待結果自然呈現。

能讓自己「放下」的方式，別無他法，就是「信任、信任、信任」。

放下焦慮與不安，放下著急與時間的壓力，讓自己內在的潛能可以更完整地釋放出來。

水晶　我該如何將自己奉獻給所有生命？
How can I dedicate myself to all that lives?

 水晶紅蛇 Kin25

你對於做某件事的時候「有沒有熱情」，看得最清晰透澈。

沒有熱情，就是該脫皮的時刻。

放掉舊有的狀態，才能一直更新成長。

在與他人的合作關係當中，你能以「熱情活力、怦然心動」來貢獻自己的能量。

只和「讓自己有怦然心動的人事物」一起合作，才能好好用對能量去給出自己。

同時，你對於「身體的感受」很清晰敏銳，這也是一個天賦。

透過與身體好好合作，身體將會給你全然的支持，並貢獻本然的健康活力。

宇宙 我該如何散播我的喜悅與愛？
How can I expand my joy and love?

 宇宙白世界橋 Kin26

你是宇宙級的連結者和喬事者（協調者），專門喬事情的白世界橋。
不只是人與人之間聯繫的橋樑，更是宇宙間的連結橋樑。
除了喬人間的事，更是喬宇宙的事。
因為，宇宙白世界橋 Kin26 是宇宙大鑰匙，握有打開宇宙智慧的關鍵鑰匙。
讓不同的人連結上彼此，是你在生命中持續散播喜悅與愛的方法。
當然，能夠看穿「死亡與結束」的課題，放下生死的難關，更是宇宙級的考驗呀！
既然天生自帶這樣的等級，你內心明白，就是相信自己做得到，生命才會給予這樣的配備吧！

3. 藍手波符／實踐波符

Kin27 ～ Kin39，一做就有的療癒天賦實踐家。

坐落在「紅色東方啟動城堡」的藍色轉變位置，也是整個卓爾金曆的第三個波符，帶來改變、轉化、蛻變的品質。

藍手波的人常常想著：
我要把我的點子做出來！
我還可以做些什麼呢 ?!

印記名人
語錄

李安
Kin38 水晶白鏡，藍手波符

這世界上唯一扛得住歲月摧殘的就是才華。

如果我們在人生中體驗的每一次轉變，

都讓我們在生活中走得更遠，

那麼我們就真正體驗到了生活想讓我們體驗的東西。

磁性　我的目的是什麼？ What is my purpose?

 磁性藍手 Kin27

藍手波的你，就是能把「內在點子」變成「實際行動」或「創造物」的人，把「實踐」帶入這個世界。透過一步步地落實，完成行動的力量。

當你有一個想法、一個點子，或者得到一個知識的訊息時，彷彿你的雙手就開始啟動，甚至會有一種覺得手癢的感覺，不做不行，好像一定得做看看，沒做的話好像全身不對勁。

於是，你開始透過實際碰觸、實際操作的過程，為你的生命帶出更多創造性。

雙手像接收的管道，去知道、去療癒、去完成，並把內在這股創造能量帶出來，憶起原有的天賦，這是藍手波人此生最重要的任務了。

月亮　我的挑戰是什麼？ What is my challenge?

 月亮黃星星 Kin28

你是否害怕創造出來的東西不美麗？實踐的過程是否很難展現優雅的態度？

最無法忍受別人說自己做的東西不夠美；無法接受別人說自己沒有藝術的品味。

把靈感或靈光乍現的能量化為美麗的行動，確實是一件滿具挑戰性的事。

把挑戰化為動力，在過程中找到這個挑戰要帶給自己學習的禮物，並從中獲得看見與覺察。

欣賞自己獨特的美麗，看見自己對於直覺靈感的接收具有天賦，並能把這樣的藝術美感化為行動，表現出來，展現自己閃亮的美！

電力　我要如何給予最好的服務？How can I best serve?

 電力紅月 Kin29

你生命的發電廠，名叫「療癒」。
你是透過水力來發電，彷彿隨時都能有眼淚噴發，情緒也隨時準備好要流動起來。
你很能感同身受他人的心情，因為你也是如此感性。
你喜歡與人之間的交流與分享，很喜歡這樣情感流動的感覺，那是你幫自己充電的方式。
給自己與他人最好的服務，就是讓感受本身表達出來，這是淨化的關鍵。
淨化之水透過你而療癒自身，讓真實感受穿透自己的內心，清晰看見該療癒的點，並找到服務自身的方式，發揮自我療癒的力量。

自我存在　我要用什麼方式服務？
**　　　　　What is the form my service will take?**

 自我存在白狗 Kin30

付出穩定的愛，這是你最能給予的方式。
在生命中，就是想要尋求一份愛的歸屬，一份隸屬的感受。
你會付出關懷與陪伴，就像是生活與工作裡的守護者，默默支持著他人。
讓自己穩定又自在的方法，就是無條件地愛自己。
愛上自己的全部，愛上自己無法愛的一切。
無論是對於自己或他人，你的天賦就是陪伴，
提醒著，忠誠地對待自己，誠實地看見自己的內心。

超頻藍猴 Kin31

或許你會一直想要搞笑，以「幽默感」來綻放你的力量。

但你也可能會覺得自己很嚴肅，但別人都覺得你超級幽默的？

你有高 EQ 的智慧，面對荒唐事件都能一笑置之。

擅長在「遊戲」之中來綻放力量，例如體驗遊戲、桌遊等各種遊戲型態。

在遊戲當中會有源源不絕的點子，並且發現自己越是嚴肅越展現不出力量。

以「有趣的人生」來看待自己所遇到的人與事，就能活出你的真實力量，更輕鬆地面對生活的考驗與挑戰。

韻律　我要如何將平等向外擴展？
How can I extend my equality to others?

 韻律黃人 Kin32

你的前進腳步，有著自己的速度，有自己專屬的自由節奏。

在自由的律動裡，你找到自己

給予你越大的自由，就能給出關係中越平衡的互動。

別人說你應該往東，你就是想要往西。

別人說你應該在這個時候做些什麼，你內在的叛逆因子會冒出頭來，就是不想配合。

你有自己待人處世的想法，不必隨著外在世界的節奏而改變自己的節奏。

當你感受到身心靈各方面有「失衡」狀態出現時，就是一個「不自由」的訊號。

共振 我要如何使我的服務與他人協調？
How can I attune my service to others?

 共振紅天行者 Kin33

保持好奇心，永遠像個眼睛亮亮的孩子般，是你最能給予的共振力量。

因著好奇心，你能不帶成見地迎接每個經驗，保持開放與覺知，共振給身邊的人。

對生活願意有著開放的態度，不會有過多先入為主的成見。

與他人互動的共振頻率中，能給出自己空間，也能給予他人空間，當彼此都能敞開心的空間時，就更能一起探索各種好玩的經驗。

讓自己回到內在核心的方式，就是回到自己的生活裡，去探索與體驗生命。

允許自己盡可能的去體驗一切，探索不同事物和空間。

銀河星系 我是否活出自己的信念？ Do I live what I believe?

 銀河白巫師 Kin34

這是一份整合的力量。把「內在心智」和「外在世界」整合在一起的力量。

你相信自己內心有一切的答案，於是你向內尋找、探尋內心給予的智慧指引。

閉上眼睛，聆聽內在之聲，不受到外界的干擾，這是能最快回到當下此刻的方式。

你相信回到當下就是最高頻的生活狀態。

你相信唯有當下是真實的，能破除線性時間的框架。

內在的一切，會支持你成為施展魔法的巫師。

太陽　我該如何完成我的目的？ How do I attain my purpose?

　太陽藍鷹 Kin35

看見，看清楚，看仔細，看得有層次，看的角度豐富且多元。
靈魂的渴望，想以更大的格局來行動，想把事情做大。
當你看得越遠、想得越深，不是短視近利，就能創造更大的收穫。
看清楚目標所在，就呼朋引伴，自然會吸引想要一起完成任務的夥
伴們共同完成。
因為你只看見你想要看見的，有行動力且落地，自然使命必達，完
成目標。

行星　我該如何完美顯化？ How do I perfect what I do?

　行星黃戰士 Kin36

生命裡最完美的事情，就是勇敢「為自己出征」。
不怕麻煩，喜歡幫他人解決問題；不怕面對問題，甚至最喜歡別人
問你問題。
當他人有需要你的時候，你相當樂意伸出援手，一起投入解決問題
的行列。
你是解決問題的專家，經歷生命中的種種難題，都是為了要增加經
驗質、增長智慧。
提出問題，把問題說出來，接著面對問題。當你面對之後，問題就
已經解決大半了。

光譜　我該如何釋放與放下？ How do I release and let go?

 光譜紅地球 Kin37

大自然就是你的療癒場。在大自然的環抱裡，你能得到最深的釋放，也能讓你最有靈感湧現的感覺。

你能認出共時的事件，學會運用臣服與順流，生命會自然導航往對的方向前進。

或許你能透過旅行回歸大自然，深深吐氣，獲得釋放。

日常中，接觸綠地、公園、花草樹木，擁抱大樹、吃天然食物，讓自己穩定接地氣。

當然，你也會喜歡接觸水晶礦石、精油、花精、靈性彩油等，以及自然療法。

水晶　我該如何將自己奉獻給所有生命？
　　　How can I dedicate myself to all that lives?

 水晶白鏡 Kin38

你是一面「透明的鏡子」，在合作關係中，總能像照鏡子一般看見彼此的盲點。

記住，你相遇的人、發生的事，都得當成自己的鏡子來做觀照，看自己投射些什麼在別人身上。你在關係中最能貢獻的力量，就是如實地反映自身的看見，而不加批判。

透過「觀照自己」，把反照的力量拿來使用，並「承認、自我接納」。

你對人性看得很清楚，這是你的天賦，透過「多提供同理支持與優點」回饋給自己和他人，讓彼此一直形成「正向迴圈般」地無窮無盡的反射力量。

宇宙 我該如何散播我的喜悅與愛？
How can I expand my joy and love?

 宇宙藍風暴 Kin39

你是宇宙級的改革者，帶來改變的力量。

生命的改變時刻，可能會慢一點才發生，但改變終究會到來。

你可以去覺察的是：你害怕改變嗎？或者享受於改變的過程呢？變動帶給你什麼樣的生命體會與領悟？你又從中獲得什麼智慧呢？

持續蓄積能量，學會在改變中穩定前進，那麼一成不變的生活，會自然催逼著自己改變。

生命的本質就是變動，帶著變化前進的經驗能讓你長出智慧，並樂於把這樣蛻變的歷程分享給他人。

4. 黃太陽波符／覺醒波符

Kin40～Kin52，天生就是散發溫暖光芒的小太陽。

坐落在「紅色東方啟動城堡」的黃色收成位置，也是整個卓爾金曆的第四個波符，帶來圓滿完成、收穫、成熟後的收成品質。

黃太陽波的人常常想著：

我要做溫暖人心的事，以生命照亮生命。

我想要讓這個世界有更多的真、善、美。

印記名人語錄

史蒂芬·霍金（Stephen Hawking，英國物理學家）
Kin50 光譜白狗，黃太陽波符

有生命就有希望。
記得仰望星空，別老是俯視腳步，
試著為你眼前的事物尋找意義，驚嘆這宇宙如何形成。
請記著要保持好奇心。
無論生命歷程有多艱難，你也有機會有所成就，
重點是不要放棄。

磁性 我的目的是什麼？ What is my purpose?

 磁性黃太陽 Kin40

太陽波的你，就是要把像太陽般的光芒帶到這個世界上來，並且散發溫暖及支持特質的人。

生活中各種鍛鍊、學習與經歷，都是為了將自己打磨拋光，練就成溫暖他人的力量。

或許你過去生生世世都在修練吧！只為了這輩子把光帶到這個世界上。因著自己走過許多精采的生命，對於他人的經歷也都特別能理解並支持。

你深深明白，只有生命能照亮生命。以火光燃燒黑暗，化解無明。

自身靈魂的使命，就是要活出自己光芒，同時溫暖且支持每個人成為自己。

月亮 我的挑戰是什麼？ What is my challenge?

 月亮紅龍 Kin41

過往的記憶經常會影響自己的心情。

想到以前的事，就會容易受到牽制，並挑起內心的黑暗面。

曾經有過的種種，都是生活中的挑戰。

你可以試著去感受自己的情緒：當我回想起過往的某些事件時，心情如何？我會如何被這些事件影響呢？我知道自己可以決定想要被這些情緒影響多大或多小。

勇敢跟自己的過去說再見吧！把過去的業力，轉化成能夠滋養自己向前走的原動力，不再受其限制。

在過往的記憶中，放下那些黑白二元的情緒「好與壞」標籤，讓「對與錯」的記憶與判斷可以找到平衡點。

電力 我要如何給予最好的服務？ How can I best serve?

 電力白風 Kin42

你最好的服務品質，就是傳遞正向語言的力量。
透過說話來充電，你的電力就是你的語言。
你是一名很好的溝通傳遞者，喜歡有品質的溝通歷程。
覺察內在自我對話，看看自己都在跟自己說些什麼。
給予自己最好的服務，就是跟自己說甜甜話。
相同的，傳遞正向語言，好好地溝通與對話，給出讚美與鼓勵，也
是替他人充電賦能的絕佳服務力量。

自我存在 我要用什麼方式服務？
What is the form my service will take?

 自我存在藍夜 Kin43

你想要以「夢想」或「直覺潛意識」來當作服務的具體方式。
你想要服務人們的「夢想」，讓夢想落實成真。
「來跟我說一個你自己的夢想吧！」
「來跟我分享一個夢境吧！」
「一起來抽牌卡，探索你的潛意識吧！」
擅長與他人討論夢想，並把完成夢想的策略更加落實及具體化。
透過討論與分享，是一種安全感的展現，也是找到自我生命之歸屬
感的好方法。
「知道自己想要做些什麼，能做些什麼」的踏實感，真的好重要！

超頻　我要如何賦予自己最佳力量？
How can I best empower myself?

 超頻黃種子 Kin44

你是一個很擅長「播下種子」的人。
只要你說過想要做的事情，彷彿就在宇宙中放下一個種子意念。
宇宙就會幫你綻放最大的力量，讓種子開花。
種子最強大的特性，就是目標明確、信心滿溢，自然能成就美麗的
果實。
善用你的意念，珍惜你想要替世界服務的良善之心。
想像自己的種子就像孔雀開屏般地綻放，長出無限的果實與豐收花
朵。
帶著愛，以耐心澆灌你的種子，等待收穫。

韻律　我要如何將平等向外擴展？
How can I extend my equality to others?

 韻律紅蛇 Kin45

只要身心靈平衡，身體自然健康有活力。
關係中的人際互動，都在平等和諧的交流中一來一往。
當關係在平衡狀態時，彼此的熱情是自然展現的，甚至有熱情、怦
然心動的感受，一起朝向某個目標前進，更是熱血奔騰、充滿動力。
若是失衡的狀況出現時，正是提醒自己，該是脫皮的時刻到來了。
脫掉在關係中的某些執著，褪去舊有互動行為模式、舊有思想與情
緒糾結，讓彼此都更新。

共振　我要如何使我的服務與他人協調？
How can I attune my service to others?

 共振白世界橋 Kin46

你是天生的連結橋樑，共振與共感的能力非常強。
負責連接不同兩端（人、群體或領域），許多不同的人會因為你而連結上彼此。
你也有能力連結不同次元的力量，也包括天與地之間的能量連結。
放下，是你最能回到自己、回到內在核心的人生策略。
成為管道，成為訊息接收與傳遞者，是你靈魂與他人共振的方式。
嘗試書寫內在對話的訊息，透過自由書寫（或稱心靈寫作）與內在接收到的訊息共振，並加以記錄，你將會有不可思議的發現喔！

銀河星系　我是否活出自己的信念？ Do I live what I believe?

 銀河藍手 Kin47

你的雙手非常有療癒力，透過雙手來感知這個世界，並學習各種知識。
透過雙手本身，以及你的創作、手作物品或料理，展現出你內在的信念。
你相信透過生命一步一腳印地實踐，才能真正活出自己的道路。
親身行動，你就會獲得整合的答案。
「行動」本身，帶來療癒的力量。
嘗試把想法「做出來」、「做看看你就知道了」，這是整合生命的方式。

太陽 我該如何完成我的目的？ How do I attain my purpose?

 太陽黃星星 Kin48

你渴望把「靈光乍現」的品質展現在生活中，這是一場美麗事物的
創造歷程。
透過網際網路世界的串連，滿天星星的閃耀光點，彷彿將你的靈感
展開了一張網。
同時，在完成目標的過程中，既要優雅，又要快、狠、準地達標攻頂。
生活的展現，就是藝術創作、靈感頻率、網路世界的融合能量。
透過「美」或「欣賞美感、體驗美感」，活出你的優雅。

行星 我該如何完美顯化？ How do I perfect what I do?

 行星紅月 Kin49

生命裡最完美的事情，就是能完整地展現情感表達。
你可能是一個擅長說故事的、能夠引人入勝的分享者，
透過你流動的情感與生動的陳述，感動自己並感動他人。
最偉大的療癒師，都是最會說故事的人。
最厲害的演說家，都是最能療癒人心的人。
不只是說故事，你也擅長聽故事。
在你面前，彷彿你能聽懂一切。
看著對方，輕輕地說：「你有什麼故事想要與我分享嗎？」

光譜 我該如何釋放與放下？ How do I release and let go?

 光譜白狗 Kin50

你想要讓自己的生命獲得解放和自由嗎？

唯一就是忠於自己的心，展現對自己的愛。

若要忠誠地對待自己內在真正的感受，只需要回到自己的心。

不必忙著愛別人，不必忙著去處理別人的問題，不用以「別人有沒有愛你」來證明自己是否值得被愛。

當你對自己的愛滿溢時，自然釋放出內在源源不絕的愛。

水晶 我該如何將自己奉獻給所有生命？
How can I dedicate myself to all that lives?

 水晶藍猴 Kin51

你最能看清楚幻象是什麼，並且一笑置之。

幽默感，是你的天生配備，也是最能貢獻的特質。

幽默詼諧的力量，可以協助彼此在合作關係中一起玩耍，可以看穿事情表面的假象。

透過遊戲與玩樂的品質，讓自己變得像魔術師那樣有趣。把內在的靈感創意與智慧，源源不絕地展現出來。

宇宙　我該如何散播我的喜悅與愛？
How can I expand my joy and love?

 宇宙黃人 Kin52

溫暖的太陽波人，走到最後，為的是能以「自由的姿態」來分享愛。

叛逆的靈魂，真正成為自己，成為自由人。

替自己的生命拿回絕對的主導權，掌握你能掌握的，負起你能負起的責任。

宇宙級的自由，值得用生命來等待。

獨特地綻放自己自由的光采，並分享給他人。

第二座城堡・白色北方跨越城堡

跨越與淨化的力量

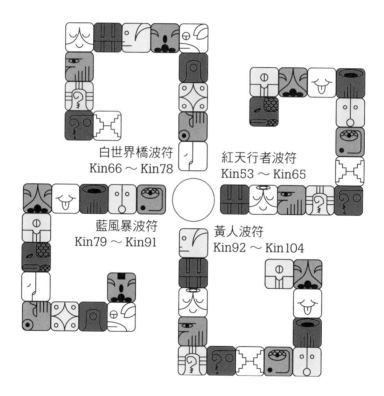

白世界橋波符
Kin66 ～ Kin78

紅天行者波符
Kin53 ～ Kin65

藍風暴波符
Kin79 ～ Kin91

黃人波符
Kin92 ～ Kin104

5. 紅天行者波符／國王波符

Kin53 ～ Kin65，體驗探索各種可能，移動穿越的本能。

坐落在「白色北方跨越城堡」的啟動位置，也是整個卓爾金曆的第
五個波符。

在跨越城堡的啟動波符，帶有「放下」與「開始」的力量。

要開始，就要能放下；放下了，就能有新的開始。

紅天行者波的人常常想著：

我想要有很多不同的生命體驗。還有什麼是我沒有體驗過的呢？

我想要學習新的事物，也想到處去看看，探索這個世界。

馬雅小教室

Pacal Votan 國王的出生印記 & 死亡印記都在這個波符，故稱之
「國王的波符」。

印記名人
語錄

蔣勳（著名畫家、詩人與作家）
Kin55 電力藍鷹，紅天行者波符

在我們的文化裡，
有一個成語叫做「隨遇而安」，
就是你在不同的境遇當中去求一個安。
這麼想的話，
每一日、每一分、每一秒其實都在修行。

磁性　我的目的是什麼？ What is my purpose?

 磁性紅天行者 Kin53

紅天行者波的生命目的，就是很務實又落地的「體驗人生」。

對於生活中各式各樣的體驗，都會感覺到非常好奇，很想透過人生的各種體驗去感受各種滋味，包括酸、甜、苦、辣，就是想要知道究竟這些體驗是什麼感受。

因此，帶著好奇心、保持開放的能量，敞開自己去接受這種來到面前的體驗，你沒有什麼目標，也沒有要什麼結果，目的就是很單純的「想要體驗」！

來地球出差、旅行兼玩耍，就是你的最佳寫照。

在生活中喜歡到處移動、探索不同空間，是你的生命本質。

小靈魂帶著探索的心，穿越到地球，跟著自己自由美麗的心，隨心移動、隨著身體能量前進，在每一個停留點，都能找到穩定踏實的力量。

月亮　我的挑戰是什麼？ What is my challenge?

 月亮白巫師 Kin54

「沒有時間了！啊！真的來不及了！」這句話，彷彿就像按到白巫師人的按鈕。

你的生命，是否總是被時間推著走？生活的節奏，被線性時間綁架。

不安的心情，隨著時間的緊迫被挑起。

焦點注意著外在時間的流逝，「該怎麼辦？怎麼安排？怎麼能讓自己做得更快、更好？」

時間二元的立場，正是在提醒你：「你是否忘了回到內心呢？」

請你再次調頻：心向內、回到當下、回到內心力量、回到心理時間。

電力 我要如何給予最好的服務？ How can I best serve?

 電力藍鷹 Kin55

你的服務發電廠，名叫「看見的能力」。

老鷹的眼睛，可不是一般人的眼睛。

高度的敏銳觀察力、清晰的視角、客觀中立的分析，總是能帶出多元角度不同的看見。

你可以觀察到我們所沒有觀察到的面向，是一個絕佳的觀察者。

同時，也不會被情緒泥沼攪和在一起，可以抽離出來，有著轉念的功夫。

以此方法服務自己與他人，是幫自己充電以及給出電力的方式。

自我存在 我要用什麼方式服務？
　　　　　What is the form my service will take?

 自我存在黃戰士 Kin56

你給出的服務方式，都是在「替他人解決問題」的方向上。

例如，你的工作就是在提供解決問題的方法給需要的人。

像諮詢師、工程師的工作內容，就是一個很直接的職業象徵類別。

回到個人生命主題上來看「自我存在」，讓自己穩定的方式，就是勇敢而不害怕。

勇敢提問、不恐懼面對問題，勇於承擔解決問題的壓力，這是增加自己智慧的好時機。

超頻 我要如何賦予自己最佳力量？
How can I best empower myself?

 超頻紅地球 Kin57

生命中最大的力量，就是與地球的自然療癒力結合。
運用從大自然來的元素、物品與食材，使用天然的素材在自己身上，
例如水晶礦石，能讓自己獲得最多力量，並且也能綻放原有自然物
想要綻放的自然療癒品質，更能與你的生命力量合一。
學習臣服於生命，觀察共時的現象並讓自己順流，能讓你像孔雀開
屏一樣放射自己的生命力量，展現最大的可能性。

韻律 我要如何將平等向外擴展？
How can I extend my equality to others?

 韻律白鏡 Kin58

你在人際關係中，與他人之間的互動過程，彼此就像照鏡子一樣。
總是會投射出自己內心的想法、感覺、過往的生命經驗到對方身上。
你會誤以為是對方的某些行為或特質，讓自己開心或痛苦。
但殊不知，這產生的一切，其實都是自己內心過往經驗所產生的投
影。
關係平衡的方式，得要回到自身來檢視，承認並接納這些源自於自
己內心的種種狀況，讓自身的身心靈各個層面更加和諧。

共振 我要如何使我的服務與他人協調？
How can I attune my service to others?

 共振藍風暴 Kin59

催化改變，是你最能帶來的共振能量。

當環境需要變動時，也意味著你的生命早就想要同時跟著前進一大步，例如搬家。

改變，是為了再次定位你自己「回到自己的核心」。

改變過後，你能帶來就像颱風眼中心的穩定力，更強化並鞏固原有的生命力量。

藉由改變過程，清理淨化所有該改變的一切，讓生活回歸該有的清新感與次序感。

銀河星系 我是否活出自己的信念？ Do I live what I believe?

 銀河黃太陽 Kin60

你相信，帶給他人生命的光與溫暖，是重要的！

你更相信，生活中要常常以內心的光芒掃除黑暗與恐懼，給自己信心與力量。

你認為，要活出自己內在的生命之光，鍛鍊自己生命的歷練，並且在生活中實際把溫暖給予他人，那麼自己真的活出這樣的品質，這件事情好重要。

內外合一，就要先對自己溫暖，常常給予自己光芒，讓自己自然而然地散發出開悟的光。自己對生命事件有所領悟，活出內外整合的狀態，才更有力量把光照耀他人。

太陽 我該如何完成我的目的？ How do I attain my purpose?

 太陽紅龍 Kin61

當你想要獲得滋養的力量時，就要在「切換不同地點」的移動當中，能最快完成自己的渴望，這就是紅天行者波符的太陽調性之力量所在。

舉例來說，當你想要很有效率地完成一件事（一份設計圖、一個企畫案、一份簡報），你的意圖要放在「滋養」上：我能被這件事滿滿地滋養著。

同時，把意圖放在家庭的能量上，例如「這件事能對家人好」，也會讓你特別有動力且有效率地完成事情。

行星 我該如何完美顯化？ How do I perfect what I do?

 行星白風 Kin62

生命裡最完美的事情，就是分享與傳遞。

你喜歡說話，喜歡分享，喜歡把美麗的事情分享給身邊相遇的人。

把自己認為很棒的概念、很療癒人心的故事或文章，透過說出來、寫出來，或轉分享，都是一個完美的傳遞力量。

因著你分享更多美好，你的生活中就會吸引更多美好的事情發生。

完美地顯化了更多的善知識、善行、善的意念在你周圍的環境裡。

光譜 我該如何釋放與放下？ How do I release and let go?

 光譜藍夜 Kin63

你想要讓自己的生命獲得解放和自由嗎？活出你的夢想吧！

你現在懷抱著哪些夢想呢？這些內在的夢想是一股強大的力量與渴望，它們正等待你去釋放，就像是放出「神燈精靈」一樣，協助自己一步步完成。

可以多跟別人聊聊你的夢想，這也是一個紓壓的好方法。

在夜晚的夢境中，內在潛意識會透過夢境來釋放我們的壓力及失衡的情緒。

你更可以透過潛意識的探索（或牌卡），讓自己找到壓力來源，並釋放它。

同時，你也會在夢境中獲得夢想之路的指引，就等待你去發掘夢的訊息與祕密。

水晶 我該如何將自己奉獻給所有生命？
How can I dedicate myself to all that lives?

 水晶黃種子 Kin64

用真誠良善之意念，奉獻自己或與他人合作，順其自然，等待時機成熟，就能收穫結果。

你在做任何事情時，最重要的是要去關注自己「帶著怎樣的起心動念」。這個意念的投注，能為生命帶來信心，為自己與他人內心種下美好種子，創造更多美麗的力量，在生命當中綻放成一座美麗的花園。

不急著在短時間內收成，只需要繼續在你的生命花園裡灌溉愛與信心，生命就會帶領你創造豐收成果。

宇宙 我該如何散播我的喜悅與愛？
How can I expand my joy and love?

宇宙紅蛇 Kin65

你像是精力永遠都用不完的人，對自己熱情所在的事情，總是熱血澎派、活力滿滿。

你總是能把熱情感染給身邊的人，大家聽你分享熱情的事，也會覺得「哇！太有意思了吧！」，跟你一起同歡樂、同感動。

高頻的身體能量，提醒你要回來照顧自己的身體，太仰賴身體「一直工作、一直付出能量」的模式，或許是提醒你「與身體失去連結了」，也是一種上癮的狀態。

回到身體、帶回當下，好好休息，回到身體來照顧好健康，才能持續擴大分享愛與喜悅的力量。

6. 白世界橋波符／連接波符

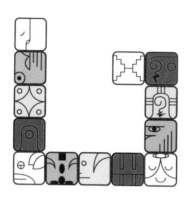

Kin66 ～ Kin78，成為連結的管道，學習放下與斷捨離。

坐落在「白色北方跨越城堡」的白色淨化位置，也是整個卓爾金曆的第六個波符，帶來淨化與單純的品質，是連結、結束與跨越死亡的波符。
在白色城堡的白色波符，帶有雙倍「淨化」、雙倍「放下」的力量。

白世界橋波的人常常想著：
需要我來喬（協調）什麼嗎？交給我吧！
對我來說，要面對「結束」真的不容易。

印記名人
語錄

艾蜜莉・狄金生（Emily Dickinson，美國著名詩人）
Kin66 磁性白世界橋，白世界橋波符

1556 再見

光之形象，永別了
感謝這場相會
如此漫長　如此短暫
整體的導師
與生俱來的根本
賦予　除去

磁性白世界橋 Kin66

世界橋波的你，是連結世界的橋樑，生命中有機會跨接到國際間的平臺，觸角延伸到更廣大的世界，開展更廣大的服務。

你最重要的使命與任務，就是成為連結者。當你的意念越是簡單純淨，就能讓自己成為越純淨的管道，幫助更多人連結回自己生命本然該發生的事。

對你來說，靈魂透過「放下執著」來成長與前進。

每一個關係中的「放下」，都能讓自己往前跨越一大步。

清理我們的執著點，跨越緊抓不放的價值觀，清理我們對「結束」及死亡的恐懼。

 月亮藍手 Kin67

世界橋波的你，或許常常會在頭腦想著：「真的要做嗎？做不好會怎麼樣呢？如果做不到該怎麼辦？」

對你來說，要開始著手進行，真的是不太容易！

要開始真的動手去落實自己想做的事情，是你生命的一大挑戰。或許你會覺得要先想清楚再開始，但你不妨嘗試看看，一邊做一邊修正，會有意想不到的感受發生。

一邊開始執行，就能感受到心中的恐懼少了很多！你的手會帶著你突破黑暗與恐懼的限制。

電力 我要如何給予最好的服務？ How can I best serve?

 電力黃星星 Kin68

你生命的發電廠，名叫「美」。
服務的品質一定要「有美感」才行，不能接受不美的事情存在。
你能做到的最好的服務，就是把藝術與美感的能量，發揮到生活和工作中。
融入藝術、音樂、美感與優雅的頻率。
同時，你擅長接收靈感，並且把接收到的靈感與點子轉化為服務。
當你把自己活得閃耀光芒、無比美麗時，就是在替自己的生命充電。

自我存在 我要用什麼方式服務？
What is the form my service will take?

 自我存在紅月 Kin69

你的生命該用什麼樣的方式來服務？
最重要的是帶起與他人的情感連結，協助他人淨化與流動內在感受。
你會是一位很好的療癒師，不僅能感同身受，並且能帶出對方的情緒表達。
你是一個很重感情的人，凡事都以感情連結為基礎，並擴展到工作事務層面。
當你感覺可以開始碰觸自己的感受時，就會找到一份內在安心的歸屬感。
當你能與他人真誠相對時，彼此間的互動也會更添加一份穩定與安全感。

超頻 我要如何賦予自己最佳力量？
How can I best empower myself?

 超頻白狗 Kin70

世界橋波的你，「愛」是你的最大力量。

你的「心」能夠綻放自身最大的頻率，擴大並打開與他人連結的管道。

你愛的服務力度很大，愛的力量很強勁，只要是能夠幫助他人的慈悲善行，你都能非常積極地投入。

更重要的是，無條件地愛上你自己，忠誠地回應自己的心，不做出違背心的行動。

勇於表達愛，向你想要述說的對象表達愛與感謝，不要害羞，真實地綻放你的愛。

韻律 我要如何將平等向外擴展？
How can I extend my equality to others?

 韻律藍猴 Kin71

在人際關係互動中，你是一個開心果，帶給關係很多的歡樂品質。

生活中，若感覺自己有失去平衡的時候，記得要以幽默感來回應失衡現象。

你能帶著智慧來看這些事件，告訴自己「都是幻象呀！」並且一笑置之，你就能再次回到平衡之中，在生命中回復和諧的頻率。

太嚴肅的態度，會讓你失去身心和諧的感受。

幽默感是一種人際互動的智慧，更是一種願意愛自己與愛對方的方式。

共振　我要如何使我的服務與他人協調？
How can I attune my service to others?

 共振黃人 Kin72

你是一個能活出自己想法的人。

替自己做出自由的選擇與決定，在關係中才不會失去自己，這是你與他人共振的品質。

當你能遵循自由的心，採取行動，就更能把力量帶回核心，負起生命全然的責任。

你常會說：自己做的決定，自己要負責。

你也會說：都已經選擇了，沒有理由不繼續。

自由之路，為自己開展，這是你最核心的生命力量。

銀河星系　我是否活出自己的信念？ Do I live what I believe?

 銀河紅天行者 Kin73

你相信，生命有各種體驗等待你去經驗。

探索自己的各種可能性，是你活出自己內在信念的方式。

透過移動，開展自己的領域。

透過體驗，開展自己對新事物的好奇。

盡情地體驗，去追求生命各種可能性吧！

嘗試各種新的事物、學習、食物、對話方式，激發自己內在「好奇寶寶」的天性。

太陽　我該如何完成我的目的？ How do I attain my purpose?

 太陽白巫師 Kin74

渴望進入自己的心，從內在探尋答案。
你明白，內心會有所有的解答。
當你從向外探索解答，進入心向內的意念探索，就能再次把內在魔法實現於外。
當內在意圖清晰，看見自己的渴望，自然能完成生命的目的。
巫師的心思意念，正是連接天地的橋樑。
問問自己，對你來說，什麼是永恆呢？什麼又是當下？
進入內心探尋，你的心思意念會浮現出清晰的渴望。

行星　我該如何完美顯化？ How do I perfect what I do?

 行星藍鷹 Kin75

生命裡最完美的事情，就是保持靜觀。
觀察生命裡發生的一切，安靜地看著。
看著正在看著的事件，看著自己的情緒想法如何起反應，看著自己的行動如何做出回應。
接著，你往後退一步，讓出時間與空間，拉出更大的格局與維度，做出完美的行動。
不同的思維，會帶來不同的行動。多方嘗試與多元思考，能帶出新的格局。

光譜　我該如何釋放與放下？How do I release and let go?

 光譜黃戰士 Kin76

勇敢提出你的質疑，去挑戰連自己都感到困惑的事，包含自己的想法與行動。

只要你敢發問，宇宙就敢回應你。

透過內在提問，寫下你的智慧答案，並且，就去信任，釋放不需要的生命疑惑。

釋放出那股內在無所畏懼的勇氣，帶著你前進。

水晶　我該如何將自己奉獻給所有生命？
**　　　How can I dedicate myself to all that lives?**

 水晶紅地球 Kin77

你對於「是否在順流中，是否有臣服於地球導航的共時，是否依循自然法則」，特別清晰又敏銳。

這是一個與大自然的合作方式，你能替愛護地球與環保盡一份心力。

可以善用自然元素，結合自己的工作，把自然界的產物融入其中，例如，花草茶、藥草調理包、天然食材的烹調搭配……等等。

在人與人之間的合作，你能以水晶般清晰的意識來合作，以結合大自然或旅行的元素來合作。

宇宙 我該如何散播我的喜悅與愛？
How can I expand my joy and love?

 宇宙白鏡 Kin78

如實看見自己的生命，活出坦然且真誠的人生。
成為一位智慧的回應者，分享生命的真相。
不單只是回應他人，更重要的是看見自己如何透過生命事件來揭露真相。
這是一面宇宙級的大鏡子，你敢看鏡中的自己嗎？
看見真實的一切，完整地全都接受，這是生命中的一部分。
當你接納，生命就能回到當下，就能穿越。
以此智慧，分享智慧，傳播喜悅。

7. 藍風暴波符／改變波符

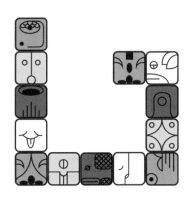

Kin79 ～ Kin91，與生俱來的改革者，促進改變的轉換器。

坐落在「白色北方跨越城堡」的藍色轉變位置，也是整個卓爾金曆的第七個波符，帶來改變、轉化、蛻變的品質。這是自然運生、催化前進、打掉重練的波符。

藍風暴波的人常常想著：
我想要改變，我想要變化一下。
我想要讓這個世界有更多的不同。

印記名人
語錄

歐文·亞隆（Irvin Yalom，美國心理治療大師）
Kin91 宇宙藍猴，藍風暴波符

「波動影響」是指每個人在人生體驗中
留下一些可能知道或不知道的東西，
即使沒有意識層面的目標或這方面的知識，
都會形成中心影響力，
影響周圍的許多人甚至許多世代。
也就是說，我們對其他人的影響會再傳遞給更多的人，
就好像池塘中的漣漪一樣一圈一圈地擴散出去，
直到再也看不見，
即便如此，在微波的分子層級，這些波動依然在傳遞著。
比如某種特質、某些智慧、某些教導，
或是你帶給他人的舒適的感覺。

磁性　我的目的是什麼？ What is my purpose?

 磁性藍風暴 Kin79

風暴波的你，就是要把改變的力量帶到世界上的人，你是世界的改革者。

變化，對你來說是生命的常態，也是一種自然而然發生的狀況。

當你有一陣子感受到生活靜止無變化時，就會開始想要動起來，並替自己創造一些變化。任何的一點變化都可以，只要能讓自己不一樣都行。

你的生命就是要帶起革命力量。你天生就有一股催化力量，能引動他人生命的改變與前進。同時，你也會革自己的命，替自己帶來創新。

別害怕帶來改變，更別害怕吸引改變發生。生命的自然狀態就是「發生不在計畫中的狀況」，持續變動與前進、持續建立新架構、打破舊有的思維與慣性，成為自己的生活革命家。

月亮　我的挑戰是什麼？ What is my challenge?

 月亮黃太陽 Kin80

你會害怕自己發光，或者怕自己在人群中太過閃耀嗎？

你以為自己恐懼黑暗，而一直想要去克服內心陰影，殊不知，其實內在有著一種「畏光性」。

對你而言，黑暗與光明只是一體兩面，要學習穿越黑暗，讓光明面自然展現。

看見自己的陰影，同時要拿出太陽火炬，鍛鍊打磨光芒，並且華麗轉身，大方地展現自己開悟覺醒後的太陽力量！

電力　我要如何給予最好的服務？ How can I best serve?

 電力紅龍 Kin81

你生命的發電廠，名叫滋養。

想像一下，生命進展的過程中，如何能提供給自己滋養的元素呢？

在服務他人的過程中，最重要的是給予滋養的感受與力量。

這不只是提供給自己與他人的服務，也是你最能夠幫自己充電的方式。

問問自己，做些什麼最能滋養到自己的此刻呢？

問問被服務的人，我要怎麼樣能滋養到你呢？

從家人中、回憶裡、古老智慧中，都能試著找到滋養的資源。

自我存在　我要用什麼方式服務？
What is the form my service will take?

 自我存在白風 Kin82

你服務的方式，都與說話溝通有關。

協助自己與他人，透過覺察思考的慣性、探索自我對話模式，調整到最適合且舒服的溝通型態。

同時，藉由自我「好好呼吸」，帶領自己回到歸屬感與安全感的狀態。

透過內在的對話、精神層面的提升，來帶領生命的改變與前進。

另外，對於靈性工作者來說，你也有可能以「呼吸」或「說話」的相關主題做為服務的方式，例如：呼吸療癒、內在溝通說話課。

超頻 我要如何賦予自己最佳力量？
How can I best empower myself?

 超頻藍夜 Kin83

靈魂最強大的力量，就是勇敢實踐夢想。
你知道自己想要什麼嗎？
能夠讓自己勇敢夢想並勇於追求，夢想就能帶領你綻放無限大的力量，實現你想要的豐盛生活。
因為要去綻放夢想，往往是要做出改變的。
試問自己，你敢做出改變嗎？
同時，內在潛意識與夢境，會給予你如何打開力量的方法。
透過探索自己的潛意識、信任直覺，可以讓自己從內在到外在的豐盛更加綻放。

韻律 我要如何將平等向外擴展？
How can I extend my equality to others?

 韻律黃種子 Kin84

太過著急，會讓你失去平衡狀態。
當你發現自己在生活中有某些領域失衡，或者身、心、靈的某些層面不平衡，就是要提醒自己「慢下來」的時刻了！
問問自己：你究竟在急什麼呢？有需要這麼著急嗎？
要有信心，信心能增加耐心，帶領你慢下來。
當你願意更有耐心地在關係中善待自己與他人時，就是尊重彼此的快慢節奏。
尊重彼此互動之流，美麗種子的流動就會自然開展。

共振 我要如何使我的服務與他人協調？
How can I attune my service to others?

 共振紅蛇 Kin85

你是非常有生命力的，生命發生的種種變化，都是一個脫皮歷程，只會讓你更加強大。

每脫一層皮，你就更往上跳躍，那是一直不斷升級的自己。

你是用熱情與他人共振的，對於某件事情的投入時，你會賦予最大的熱情、熱血，甚至有偏執的現象。

回到身體，與身體連結，傾聽健康的需求，感受身體的回應，就能帶領自己回到核心。

透過與身體的互助合作，你能再次把自己調整好，更好地服務他人。

如果你把注意力都投射到外界，不關注自己身體的感覺與訊號，就會失去健康、與身體失去連結，也等於失去生存的動力。

銀河星系 我是否活出自己的信念？ **Do I live what I believe?**

 銀河白世界橋 Kin86

你相信「內在的信念與想法」是連結「外在世界」的關鍵橋樑。

透過這個內在與外在的平衡連接，順暢地協助我們整合好自己的一致性。

你能意識到，當自己內心想要放下某個執著、想要跨越某個困境時，得要透過外在行動「真的做到」，才能達成生命的內外整合。

整合的方法，就是讓自己內在真的「通過」而非「停在橋上」，才能到達外在世界，去活出你的真實、連結真正想要連結的人事物。

太陽 我該如何完成我的目的？ How do I attain my purpose?

 太陽藍手 Kin87

這是一個完成度極高的能量點，關鍵是「真的去做」！
把意念聚焦在「事情完成時的畫面」，透過親自執行並「實現它」。
觀想一下，在這件事情中，你想要什麼？你想要讓什麼發生呢？
想像會真的發生，並且一步步地往前推進，讓自己在實際行動中快速達標。
動起來，做了就知道！往前進，做了就完成！

行星 我該如何完美顯化？ How do I perfect what I do?

 行星黃星星 Kin88

當事情到了最後完成階段，需要一點美麗與巧思的妝點，讓整體更加完美加分。
例如，你要舉辦一場講座，除了主講人有深度、分享內容精實之外，場地的氣氛更需要有藝術品味的呈現。你可以搭配賞心悅目的鮮花、剛剛好的香氣，播放適合且令人享受的音樂，配上適切的色彩畫作與桌巾。
同時，信任你美麗的靈感，把靈感的行動加入正在進行的事物之中，這是能替自己創造完美的方式。

光譜 我該如何釋放與放下？ How do I release and let go?

 光譜紅月 Kin89

這是一個透過清理來療癒自我的力量。

清理的方式，就是讓情緒能好好地流動起來。

你感受一下，什麼樣的方式或狀態，最能夠讓你感受到自己的情緒呢？

例如：看電影或聽音樂讓自己哭一場、運動或爬山讓自己流汗流個夠、找朋友好好相聚說說話，這些都能夠讓自己的情感有出口可以釋放，並清理積壓已久的情緒。

同時，你更可以藉由這些敏銳感受，去真實碰觸當下所感受到的任何情緒，進行文字書寫或創作，透過各種表達方式帶出內在的訊息。

水晶 我該如何將自己奉獻給所有生命？
How can I dedicate myself to all that lives?

 水晶白狗 Kin90

對你而言，合作關係就是一場「愛的互助合作」。

你是一個用「愛」來與他人合作的人。

你更是一個用「心」來與人交流陪伴、搏感情的人。

在生活中，你用愛來服務他人，用心來奉獻自己。

就像我們常聽到的「待人要帶心」或工作上「帶人要帶心」。

同時，也請你回到自己的心，對自己忠誠。勿過度付出犧牲，或任由他人踩你的底線。

清晰看見自己的心，才能付出真誠的互動。

宇宙 我該如何散播我的喜悅與愛？
How can I expand my joy and love?

 宇宙藍猴 Kin91

你有高度的幽默感，看到任何事情都能狂笑。
把幽默詼諧的氛圍帶給大家，是你散播歡樂散播愛的方式。
在生活中，你也常會遇到「自己害自己很忙」的窘迫狀況。
同時你也明白，這些其實都只是幻象。
不要太認真，不要太嚴肅，記得保持幽默，調侃自己一下，就能超
越頭腦的想像，回到當下。

8. 黃人波符／自由波符

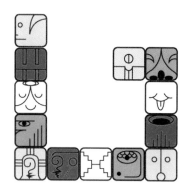

Kin92 ～ Kin104，以追尋自由的選擇並負起責任為座右銘。

坐落在「白色北方跨越城堡」的黃色收成位置，也是整個卓爾金曆的第八個波符，帶來圓滿完成、收穫、成熟後的收成品質。

黃人波的人常常想著：
自由是我最重要的事。
我想要生命全然自由，替自己作主。

印記名人
語錄

魯米（Rumi，蘇菲派詩人）
Kin100 太陽黃太陽，黃人波符

昨天的我聰明，想去改變這個世界。

今天的我智慧，正在改變自我。

磁性　我的目的是什麼？ What is my purpose?

 磁性黃人 Kin92

黃人波的你，就是要把自由思考的力量帶到這個世界上，活出屬於你自己的選擇。

在你的生命裡，透過經歷的事件，會讓你去思考，你是什麼樣的人？你想要什麼樣的生活？

倘若你真的知道自己是怎樣的人，找到你自己是誰，你才能擁有那樣的人生。你知道，自由是自己給的，不是別人給的。

當你認為「我不自由」的時候，那也是因為你限制了自己，給自己過於空泛的想像。

把自由的責任回到日常，「做自己」是一個責任，能夠負責，就能活出自我。

你不想成為一個聽話的人，而是成為那個知道自己是誰、聽自己選擇的人。

月亮　我的挑戰是什麼？ What is my challenge?

 月亮紅天行者 Kin93

面對生活中新的體驗，你想要嘗試嗎？

或許你會抗拒離開原本生活的舒適區，或者不想跨越到新的環境，而選擇站在原本的安全範圍。

你明白，為了迎向自由的體驗，需要讓自己嘗試各種新的體驗，打開新的探索機會。

移動到不同地方，看看不一樣的環境。

生命的廣度，會在持續「對自己好奇」的過程中開展自己。

電力 我要如何給予最好的服務？ How can I best serve?

 電力白巫師 Kin94

你生命的發電廠，名叫「魔法」。

很多的神奇經驗，都會在你的「內在世界」發生。

當你心向內，往內在探尋，答案自然能夠浮現上來。

你可以給自己這樣的服務品質，當然也能讓他人有這樣的特質，協助他人往內探索。

當你閉起眼睛，在靜心狀態，回到永恆的當下，一切都在內在發生。

自我存在 我要用什麼方式服務？
What is the form my service will take?

 自我存在藍鷹 Kin95

你是一個很好的觀察者，擅長以客觀的角度，提供清晰的洞見，這是你所能提供的服務方式。

面對情緒事件，你總是可以冷靜地觀看，或許旁人會覺得你冷眼旁觀，但這就是你獨特的展現方式。

你清晰的眼光可以看見不一樣的思維角度，也能往後退一步，不被情緒糾結。

讓自己可以從事件中抽離出來，中立地解析問題，提供回到自身穩定狀態的方法。

超頻黃戰士 Kin96

你是勇敢提出生命質疑的勇士，不怕與自己對抗。

你喜歡思考，喜歡提出問題，喜歡討論對於生命的困惑。

這些對自己的提問與思維，是打開與擴展力量的最佳方式。

當你面對問題時，問題本身就不再是問題，而是一個力量之點。

帶著勇氣來解決問題，無論你認為問題是否真的被解決了，這些卡住的點都已經能慢慢轉化成綻放的智慧了。

韻律 我要如何將平等向外擴展？
How can I extend my equality to others?

 韻律紅地球 Kin97

內在平衡的方法，來自於你的「臣服」程度。

臣服是一種態度，「願意臣服」更是一種對生命的信任。

臣服不是認命，而是接納當下生命的本然，很落地且務實面對當下的一切。

你是否願意讓自己的生活多一點「順流」的時刻呢？

讓生活中的事件來引導自己，航向無垠的大海。

同時，走向大自然，讓自己的身心靈都能再次恢復平衡。

共振 我要如何使我的服務與他人協調？
How can I attune my service to others?

 共振白鏡 Kin98

清楚知道自己是誰，自己都在對外投射些什麼，就能再次回到內在的核心。

不偏不倚，不扭曲真相，如實地承認自己的狀態，才是中道。

你是一面清晰的鏡子，最能共振出他人的真實樣貌。

因此，透過「真實反映」與回饋給你面前的人，就會獲得相同的回授體驗。給出什麼，就回來什麼，形成一個鏡子迴圈的反照。

你彷彿會感受到，「我在跟他說話，但這段話也是在說給自己聽」。

同時，你更加明白，「接納自己」才是一切共振良善循環的根源。

銀河星系 我是否活出自己的信念？ Do I live what I believe?

 銀河藍風暴 Kin99

生活，在改變的混亂中前進。每一次經歷改變，都是整合的機會。

你相信，唯有透過打掉重練般的改頭換面，才能讓自己有真正的「新建設」。

將那些等待改變的事，再次篩選過一輪，不適合現在的，都會被清理及移除，保留真正想留在生命裡的事物，正如煉金過程，替自己的生命提煉出純金 999 的純度，整合成全新的自己。

要建造新的可能性，就得經歷過這些自然而然的整合鍛鍊，讓內外都煥然一新。

太陽 我該如何完成我的目的？ How do I attain my purpose?

 太陽黃太陽 Kin100

你想要支持他人活出自己。

渴望他人也能綻放自己的光芒，活出獨一無二且發光發熱的生命。

首先，你的生命有極高的意願要讓自己發光。

同時你也明白，要讓自己發光發亮的過程，不是一件容易的事。

你在活出自己光采狀態的同時，也能將這份生命體驗感染他人。

自由的靈魂散發著溫暖的愛，最能以生命感動生命，以生命照亮生命。

行星 我該如何完美顯化？ How do I perfect what I do?

 行星紅龍 Kin101

你是一個喜歡追尋源頭的人，如果你在學習一個系統，也會喜歡找到最源頭的老師來進行學習。

這樣的經驗，會讓你感受到正統的完美感。

回到日常生活裡，你可以藉由提取過往經驗中「滋養自己的事件與感受」，任何回想起來都能觸動你的那些經驗，協助並支持自己。

從源頭的力量、連結古老智慧，感受自己生命本質裡的美好體驗，是你完美自己的方式。

光譜 我該如何釋放與放下？ How do I release and let go?

 光譜白風 Kin102

你是那自由的風，無論是呼吸與說話表達，都能讓你放鬆、釋放壓力。
若不願意主動溝通或表達，會讓你卡住自己且感到緊繃。
說出你的想法與需求，事情自然就會有進展。
放下表達的恐懼，因為，說話能讓你更自由。
藉由說話與呼吸，你將會帶出源源不絕的內在靈感。
藉由唱歌，你可以釋放壓力。
透過美食與咀嚼，可以大大地紓壓！

水晶 我該如何將自己奉獻給所有生命？
How can I dedicate myself to all that lives?

 水晶藍夜 Kin103

夢境，清晰可見，在你的夜晚裡，儲存在你的潛意識裡。
夢想，是你想要奉獻給生命的，寫在你的生命藍圖裡。
你能透過夢想與他人合作，一起共創夢想。
你也能在夢境中探索自己的潛意識，若能記錄夢境的內容與感受，
會更清楚夢想給出的指引是什麼。
透過你的豐盛，在合作中彼此貢獻直覺、共享豐盛。
多贏的豐盛，就是一種分享，大家一起共榮共好。

宇宙　我該如何散播我的喜悅與愛？
How can I expand my joy and love?

 宇宙黃種子 Kin104

種下美好的種子，在內心裡發芽，等待時機成熟，自然開花結果。
在自己的內心，保持良善之心，給予鼓勵與自信的力量。
在他人的內心，埋下美好的種子，提供支持與信任的力量。
你所能散播的就是愛的種子，而且是在每個人的心田裡。
你能清楚知道自己的目標，設定好之後，慢慢往前進，總有一天必定能達成。
足夠的耐心，能讓你超越所有困境，綻放生命的果實！

第三座城堡・藍色西方蛻變城堡

改變與轉化的力量

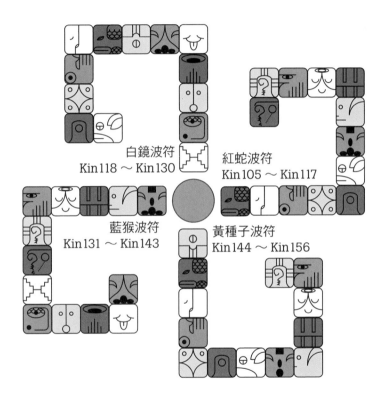

白鏡波符
Kin118 ～ Kin130

紅蛇波符
Kin105 ～ Kin117

藍猴波符
Kin131 ～ Kin143

黃種子波符
Kin144 ～ Kin156

9. 紅蛇波符／生命力波符

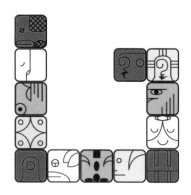

Kin105 ～ Kin117，發揮身體力量，展現生命力的脫皮重生者。

坐落在「藍色西方蛻變城堡」的啟動位置，也是整個卓爾金曆的第九個波符。
在蛻變城堡的啟動波符，帶有「改變」與「開始」的力量。

紅蛇波的人常常想著：
就慢慢脫皮吧！舊的不去，新的不來。
身體殿堂，是一輩子都要好好照顧的。

印記名人
語錄

茱莉亞·羅勃茲（Julia Fiona Roberts，美國演員）
Kin108 自我存在黃星星，紅蛇波符

你必須在愛、良善以及希望中前進。
You have to keep moving forward
in love and kindness and hope.

磁性　我的目的是什麼？ What is my purpose?

 磁性紅蛇 Kin105

紅蛇波的你，帶來身體覺察的力量，更把生命力帶到世界上。

對你來說，透過身體能感知一切與外在的互動，身體會敏銳地反應出「現在的各種感受」。

蛇波人要學習與身體共同合作，在親子教養上著重培養孩子與自己身體連結。從小建立與身體良好的互動關係，信任自己身體的感受與直覺反應，給予身體適當的碰觸與建立舒適界線。

鍛鍊身體的力量，讓身體健康平衡，最能發揮生命力、激發熱情與活力。

遇到任何考驗事件，首先記得要先觀察身體，傾聽身體給的建議與訊息，同時允許自己能「慢慢脫皮」，放掉舊有的模式與習慣，再次跨越自己、向上成長並煥然一新。

月亮　我的挑戰是什麼？ What is my challenge?

 月亮白世界橋 Kin106

處理「結束」這件事，對蛇波人來說，一向不容易呀！

面對「死亡」這議題，對蛇波人來說，更是內心一大挑戰！

在蛇波人的生命裡，總會經歷幾次結束與面臨生死交關的狀況，無論是自己或他人。

如何好好說再見、好好結束一段關係、好好結束一個生活階段，都是一個與內在黑暗共存共處的鍛鍊。

白世界橋帶來跨越與連接的力量，當你能從生命的結束與死亡中跳脫執著、學到領悟或有所啟發，便能往前邁進，瀟灑走一回。

電力　我要如何給予最好的服務？ How can I best serve?

 電力藍手 Kin107

你生命的發電廠，名叫「雙手創造」。

你的雙手很有電，充滿能量，透過親自執行、親手動作，來逐一實現並完成目標。

一步一步地慢慢做，是你可以給出的品質。

親身參與並執行，透過雙手來打造你的理想王國。

直接做，你就會知道如何進行，動起來，讓你的雙手帶領自己一步步前進。

大量使用到手部的工作或能量療法，也很適合蛇波人。

自我存在　我要用什麼方式服務？
What is the form my service will take?

 自我存在黃星星 Kin108

你是一個優雅穩定的存在，有你在的地方，就有安定自在的力量。

美感與藝術的氣質，成為你服務自己與他人的形式。

你能透過欣賞美感、展現美感、用出美感，進而能以「美感藝術」的具體呈現來服務世界。

「不能不美呀！不能做出不美的東西！我只做得出美的東西！」是你常有的想法。或者你會說：「這樣子做，比較美！」把美感帶到人間，成為你實際又具體的呈現方式。

你可能會提供美麗的作品（當然你本人也是那美麗的作品），也可能是在你的工作裡融入藝術元素（音樂、圖像、舞蹈、設計創作等展現），或是在生活中對於美感品味有著極高的鑑賞度與挑剔度。

超頻紅月 Kin 109

在情緒的展現上，你特別有張力，情緒會像孔雀開屏似地擴張開來。感受需要高張的時候，你會把能量灌注到情緒點上，展現在你的熱情行動或人際互動中。

感受需要低迷沮喪時，你也沒在客氣的，就像讓自己躲入洞穴中，難過到底才甘願罷休。

這些情緒的高點與低點，都是自然流動的節奏，倘若拿捏得宜，更是你能發揮最大力量的展現優勢。

透過情緒的同理與感同身受，讓心情與眼淚能流動，療癒的力量因此而展現，這股力量不只能鼓舞自己，更能激勵他人。

韻律　我要如何將平等向外擴展？
How can I extend my equality to others?

 韻律白狗 Kin 110

讓愛來引領自己的心，在人際互動中，唯有先愛自己，才是你真正的生命節奏。

你往往在關係中會過度付出及照顧他人的需求，導致失衡的狀態，甚至對於「對方該如何平等回應自己」有著錯誤的期待，形成自己筋疲力竭的窘境。

當自己失衡時，第一件事情就是回來看見自己「心的感受」，是什麼讓自己不舒服？在關係中又發生了什麼？你有把自己照顧足夠嗎？

停止抱怨的方法，就是回到自己的內在，多花點時間跟自己相處，找出愛自己的方法並實際應用在生活中（不把「愛自己」當口號），享受與自我內在和諧共處的時光。

共振　我要如何使我的服務與他人協調？
How can I attune my service to others?

 共振藍猴 Kin111

幽默詼諧，是你與他人共振的方式。

你能適時地搞笑幽默，化解嚴肅與尷尬的氣氛。

沒有包袱地帶出詼諧的話語，能軟化每一個僵局。

對自己，更是需要高度幽默感，帶領自己回到核心，並把詼諧的能量感染給身邊的人。

當你感覺到自己容易被外界影響，或者被環境中的人事、想法左右牽動時，記得跟自己說：「如果這件事能夠帶入幽默的力量，那我會怎麼想？我能以詼諧化解表象，我能以哈哈大笑來看穿幻象！」

銀河星系　我是否活出自己的信念？ Do I live what I believe?

 銀河黃人 Kin112

對你來說，「自由的選擇」是內在最重要的價值。

你的內心有個叛逆的因子在蠢蠢欲動，想要活出那自由不羈的靈魂展現。

在實際生活行動上，你會很有智慧地思考，並且很有技巧地做出心中的選擇。

能替自己做出自由選擇的決定，說出自己想要什麼、不想要什麼。

將自己自由抉擇後的行動，落實在生活中，進而發揮影響力。

你認為，最能整合自己的內在與外在的途徑，就是敢於行動、勇於負責，活出自由的樣貌。

太陽　我該如何完成我的目的？ How do I attain my purpose?

 太陽紅天行者 Kin113

在追求自由的生活型態後，你的心持續為你帶來探索生命的渴望。
你帶著好奇心，渴望體驗、渴望探索，想要去發現那些未知的領域，
想了解更多不一樣的世界。因此，在移動中的學習與親身體驗，成
為你完成目的之方式。
當你移動到不同的空間，就更能夠穿越原有的困境。站起來走一走，
走出戶外，讓自己能接地氣，身體切換一下頻率，體驗不同人與物
的交流。
能量場轉換，時空改變了，身體的感受也會直接跟著改變。

行星　我該如何完美顯化？ How do I perfect what I do?

 行星白巫師 Kin114

在移動與探索後，再次回到自己的內在世界，你明白所有完美的發
生，都是先從內在開始。
如何能讓自己完美創造出想要的，就是要從內心尋找答案。
施展魔法的關鍵，就是能覺察自己的起心動念。
從內在的意念源頭著手，引發一連串完美的創造發生。
想什麼，就能顯化什麼。
一動念，便能幻化出該發生的事情完美地發生。

光譜 我該如何釋放與放下？ How do I release and let go?

 光譜藍鷹 Kin 115

看見，能夠讓你更容易放下。

那些無法放下的，是因為還未以更大維度來全觀生命，或者，你只選擇了自己想要看的思考點去觀看。

宏觀看見，能夠釋放自己內在的緊繃糾結、卡住的能量與壓力。

高度的思維與視角，能讓自己把內在源源不絕的創意帶出來。

退一步、站上高臺，以老鷹的姿態，宏觀整個寬廣的晴朗天際，帶領我們的生命更加海闊天空。

水晶 我該如何將自己奉獻給所有生命？
How can I dedicate myself to all that lives?

 水晶黃戰士 Kin 116

人際合作關係中，你總是帶著清晰的提問，不害怕問題的來臨。

當有問題發生時，你總感覺這是再次調整合作關係的最佳時機。

狀況題出現時，你最喜歡一起來面對，討論看看可以怎麼做、可以如何處理。

透過一次又一次地解決問題，越挫越勇，彷彿阻礙現狀的烏雲都被化解了。

因此，你最能貢獻的，就是絕佳提問的勇氣與智慧。

宇宙 我該如何散播我的喜悅與愛？
How can I expand my joy and love?

 宇宙紅地球 Kin117

臣服，是你終其一生要走到的境界。

生命道路中的彎彎折折，總有一件事情讓你學會臣服。

你的臣服主題是什麼呢？

這件事，讓你學會不再掙扎、不再繞遠路，只好好地回到當下，感受生命要給的教導。

你自己在生命事件的啟發中學會臣服，也將以這個啟發和獲得來與他人分享。

分享你的臣服體驗，傳遞愛與喜悅的同時，你也明白著生命事件如何共時的發生著這些不可思議且又教會你如何在生命安排的導航之中前進。

10. 白鏡波符／真相波符

Kin118 ～ Kin130，拿著放大鏡看見內心清晰真相的修練者。

坐落在「藍色西方蛻變城堡」的白色淨化位置，也是整個卓爾金曆的第十個波符，帶來淨化與單純的品質。

白鏡波的人常常想著：
每一個人都是我的投射。
唯有看見並接納自己，我才能看清楚全世界。

印記名人
語錄

蔡依林（臺灣女歌手）

Kin130 宇宙白狗，白鏡子波符

當你的愛很飽滿的時候，
你會發現自己看別人的眼光都會是明亮的。
你會看到每一個人都有你該學習、可愛的地方，
不太會去批評或是比較。

磁性 我的目的是什麼？ What is my purpose?

 磁性白鏡 Kin118

鏡子波的你，是把「愛的真相」帶到世界上的人，並且真的在生命中努力著，活出愛的本質。

會選擇這條道路來做為你生命道途，本身就是一個不簡單的選擇。但，這卻又是宇宙中最簡單的道路，因為你只需要看清楚一件事：「所有的一切都是自己的投射」！

你要能先清晰看見自己，明白所有來到眼前的一切人事物，都是自己的反射，才能夠接納自己的一切，同時得以接受並清晰看見他人，就能無窮無盡地昇華，成長至新的高度與境界。

月亮 我的挑戰是什麼？ What is my challenge?

 月亮藍風暴 Kin119

你害怕改變嗎？如果有不照計畫的事情發生，你會有什麼反應呢？突如其來的事件，總會挑起你的恐懼。

這些不在計畫中的事件，引發我們對未知的焦慮，因為不知道會發生什麼，不知道自己是否能面對、是否能接受或承擔這些發生的狀況，更擔心情勢是否會失控。

計畫趕不上變化，而變化到來的時刻，就是要讓我們鍛鍊臨機應變的彈性。

放下二元對立與控制，在改變的歷程裡，讓自己打掉重練以達到真正蛻變，重新建設新次序。

電力 我要如何給予最好的服務？ How can I best serve?

 電力黃太陽 Kin120

你生命的發電廠，名叫「溫暖的火光」，是一座火力發電廠。
藉由你內在傳遞出來的光與熱，宇宙之火燃燒著，你能替自己與他人的生活中帶來更多的光明，燒掉無明與蒙昧，消融了許多黑暗中的不舒服與痛苦狀態。
你是電力十足的小太陽，所帶出的品質就是溫暖人心的光芒。
在你的生活中，能透過學習與成長，帶來新的思維與覺察，因著想法的改變，讓自己的溫暖光芒更充滿智慧。

自我存在 我要用什麼方式服務？
What is the form my service will take?

 自我存在紅龍 Kin121

你所能提供的服務方式，可以透過把重點放在「家庭議題」及分享「古老智慧」這兩個面向來進行。
首先，你把「照顧好家人」當成是最重要的穩定力量，家庭是你的安全感與隸屬感來源。當然，原生家庭與生命溯源的相關議題，也是你所關心的，也是服務過程一個很重要的具體方式。
再者，你也喜歡老祖宗的古老智慧（例如十三月亮曆法、風水能量），透過這些古老的傳承，你能在其中找到幫助自己的穩定力量，進而服務他人。

超頻 我要如何賦予自己最佳力量？
How can I best empower myself?

 超頻白風 Kin 122

說話與表達，是你最能發揮的最大力量。
你的語言力道非常強勁，就像孔雀開屏般地綻放，這股往四面八方
炸開的威力，不容小覷。
語言的傳遞，包含了文字與聲音，這是你與世界溝通的媒介。
你以什麼樣的方式與自己溝通，就會以那樣的方式與世界對話。
請善用你的語言，傳遞真正想傳遞的心靈力量。

韻律 我要如何將平等向外擴展？
How can I extend my equality to others?

 韻律藍夜 Kin 123

透過夢境，讓你找到平衡的方式。夢境中會帶出潛意識的訊息，平
衡那些在生活中失衡的部分。
例如在工作中一直被老闆罵、與老闆的關係不好，在夢境中就可能
會夢見自己在罵老闆，平衡與老闆之間的情緒糾結。
藉由自身豐盛的分享，更可以將豐盛的「無限」概念分享給他人（不
是匱乏及有限的）。
當你在生活中感到失衡時，可以透過（潛意識）牌卡探索自我，也
可以想一想自己的夢想，或是與他人討論各自的夢想，幫自己加油
打氣。

共振　我要如何使我的服務與他人協調？
How can I attune my service to others?

 共振黃種子 Kin124

這是在核心當中的第一個核心力量（卓爾金曆中柱的共振調性，雙倍核心）。

共振黃種子，帶起你對生命的信心，有如種子般堅強的韌性。

活出你對生命的相信，種下美麗的信念，並以這樣對生命單純的相信，感染並共振給身邊的人。

美好的收穫，總會在適當的時機成熟點給予回饋。

耐心與信心，是你最能帶領自己回到自己的方法。

銀河星系　我是否活出自己的信念？ Do I live what I believe?

 銀河紅蛇 Kin125

你認為，身體的狀態如實地反映了「生命的信念」。

倘若你能藉由傾聽身體的智慧，看見自己的內在反應，這是對身體忠誠的方式，更是生命「整合內在與外在」的一大鍛鍊。

把身體當成一面鏡子，去關照自我內在的核心信念與價值，檢查自己在實際生活中究竟活成什麼樣子。

身體給我們的直覺，是很直接的「舒服、不舒服／生病疼痛」，或者你遇到某個人，身體的姿勢會直接退後或直覺往前進。

跟著身體給的直覺走，身體怎麼舒服就怎麼行動，回到內在調整好自己，就能同步讓熱情落實在生活中，生命更加健康有活力。

太陽 我該如何完成我的目的？ How do I attain my purpose?

 太陽白世界橋 Kin126

你渴望與人連結，想要成為那座「連接各種人事物」的橋樑。

你很會喬（協調）事情，也是一個很好的協調者。

只要是你想要做的事，當你設定好內在的意向與意願時，自然就會吸引別人來詢問你，並且順利地找到資源（人事物）來巧妙連結。

當你的內在渴望畫面夠清晰，很多天時、地利、人和的機會自然湧現，不用特別費心去完成，自然而然就會找到方法完成它。

透過連結，創造各式各樣的機會，來協助你更好地完成生命的目的。

行星 我該如何完美顯化？ How do I perfect what I do?

 行星藍手 Kin127

透過雙手，你能完美地創造並完成想做的事情。

所有你想要做的事情，經由你的巧手，都能一步一步完美地完成它！

這是一個完成度極高的頻率，但需要一點時間。

例如，可能是規畫一個空間或民宿，從思考到完成，都是一個內在完美的創造。

當你開始把自己投入其中，享受這創造的實現過程，就進入內在之流。一邊投入，一邊進展，完成後才驚呼：哇！我終於知道當初為何要這樣做了！

光譜 我該如何釋放與放下？ How do I release and let go?

 光譜黃星星 Kin128

透過音樂、舞動、繪畫等藝術活動，最能釋放你的緊繃壓力。

而這些藝術美感活動，也最能釋放出你內在獨一無二的藝術家品味與靈感。

選出最能讓你放鬆的音樂，好好靜靜享受或舞動一番。

找出你最有共鳴的藝術展覽，在其中找到靈感的線索，並且把這些靈感通通記錄下來。

透過生活中美麗的居家布置、把自己裝扮美麗，都是紓解壓力的好方法。

水晶 我該如何將自己奉獻給所有生命？
How can I dedicate myself to all that lives?

 水晶紅月 Kin129

清楚地表達感受，說出內在最真實的感覺，在合作關係中就能以內心感受來交流，進行清晰的溝通。

你最能以「情緒」主題來與他人合作。藉由真實表達自己的感受，說出感性的感同身受，並分享自己最真實的心情，就能同時帶起他人情緒流動的表達。讓彼此的感受連結更加交心，也淨化彼此內在卡住的情緒。

你也能將各種「淨化情緒的方法」分享給他人。貢獻自己的所知所學，以及對於感受的生命體會，都是你最能奉獻給所有人的拿手選項。

宇宙 我該如何散播我的喜悅與愛？
How can I expand my joy and love?

 宇宙白狗 Kin130

你在宇宙的中心呼喊愛，渴望獲得他人的關懷、愛與理解，看見自己的良善與付出。

宇宙也在你心的中心呼喊你，渴望你從內在真實地愛自己，給予自己足夠的寬容。

服務與分享，是一個向外看到向內看的旅程，當你能把注意力回到自身，愛的智慧便會從你的內心湧現。

你想分享愛，因為你內在有著對自己全然的愛，這份本質能支持你自己，更支持每個人成為自己。

11. 藍猴波符／遊戲波符

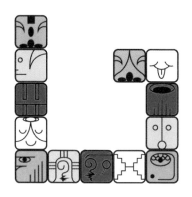

Kin131 ～ Kin143，體驗玩耍遊戲人生的幽默魔術師。

坐落在「藍色西方蛻變城堡」的藍色轉變位置，也是整個卓爾金曆的第十一個波符，帶來改變、轉化、蛻變的品質。
在藍色城堡的藍色波符，帶有雙倍「改變」、雙倍「轉化」的力量。

藍猴波的人常常想著：
我要看清，誰對誰錯其實沒有什麼好爭的。
幽默能化解一切，並能明白一切都是虛幻。

印記名人
語錄

喬治・葛吉夫
（George Gurdjieff，俄國神祕主義哲學家、作家）
Kin135 超頻藍鷹，藍猴波符

「記得自己」，就像一個征戰中的勇猛武士。

向沉睡宣戰，清醒過來！

把注意力放在自己身上。

時刻覺知自己的想法、感知、感受、渴望和行動。

磁性　我的目的是什麼？　What is my purpose?

 磁性藍猴 Kin131

猴子波符的你，就是要把歡樂的氣氛帶到這個世界上來，讓周遭的人都能活出輕鬆又有趣的生活。當然，要從自己先幽默起來。

生活就是玩耍，以遊戲的態度來體驗人生。

時時刻刻投入遊戲般的人生之中，認真參與遊戲，體驗每一個體會，同時又能適時明白人生只是一場遊戲，明白一切會改變的最終都是幻象。

認真投入，但不過度認真地計較對錯與輸贏。

帶著輕鬆好玩的心，放下嚴肅的面貌，跳脫猴子腦的使喚及糾結，活出全然幽默的人生。

月亮　我的挑戰是什麼？　What is my challenge?

 月亮黃人 Kin132

你害怕沒有自由，怕失去自我。

當他人想要以頭腦控制之威脅方式恐嚇你時，你立馬能辨認出這是虛假不真的。

在爭取自我的自由時，又能超越二元對立，在尋得洞見的過程中，放下我執。

沒有自由、失去自我，這也是一種表面的幻象。

活出你自己，沒有多餘的執著。

展現那生命獨立自主的力量，回到獨立與自主決定的你，就是你的最大自由。

電力 我要如何給予最好的服務？ How can I best serve?

 電力紅天行者 Kin 133

你生命的發電廠，名叫「探索者」。

你所能給予的最佳服務，就是帶領自己與他人好好探索生命本身，究竟有哪些好玩的、有哪些值得我們好奇、值得我們進入並遊歷祕境。

就像愛麗絲夢遊仙境，愛麗絲從樹洞中掉入奇幻世界，展開一連串魔法般的旅程。

帶著好玩的心、好奇的心，因為自己是好奇寶寶，同時也引發他人勇於嘗試，品嚐每一個新鮮的領域。單純想要體驗，並成為那個體驗。

自我存在 我要用什麼方式服務？
What is the form my service will take?

 自我存在白巫師 Kin 134

具體的方式，可以透過「靜心」，帶領你進入永恆的時間之中，進入內在心理時間，在那當下的體驗裡，時間感消失。

同時，你可以接觸西方魔法領域相關的系統，喚醒你內在早就存在的巫師智慧，成為那內在知曉一切的地球巫師。

透過向內看，對心思意念進行確認與對焦，內心有一切生命的答案。

對你而言，回到自身內在的穩定方法，就是提醒自己全心全意地「就在當下」！忘卻過去與未來，當下專注於心的感知與意念。

超頻 我要如何賦予自己最佳力量？
How can I best empower myself?

 超頻藍鷹 Kin135

你能綻放最清晰的洞察力，帶著全觀的格局來看見，並非短視近利，而是拉高視角。

在不同的位置上來思考，換位思考、逆向思考，成了你最強大的力量。

成為那清晰的觀察者；觀看著，力量得以展現在行動上。

看清楚後就能落地執行，發揮絕佳的效率。

試著思考：如何能夠讓自己拉高格局呢？即便深陷困境，如何讓自己依然能看見不同角色與位置該有的思考點呢？

韻律 我要如何將平等向外擴展？
How can I extend my equality to others?

 韻律黃戰士 Kin136

人際相處時，勇於提出內心的困惑，一同面對問題。

想到任何想問的，都勇敢提問，不會害怕或擔心對方怎麼想。即便有些擔心，也會因著真實的感受而願意直接表達。

每一個問題出現，都是一個讓關係更加靠近的機會。

一起面對問題並解決問題，讓關係漸趨平衡。

當你失去平衡時，記得發揮戰士的勇氣，在關係中好好進行溝通。

共振 我要如何使我的服務與他人協調？
How can I attune my service to others?

 共振紅地球 **Kin 137**

這是在核心當中的第二個核心力量（卓爾金曆中柱的共振調性，雙倍核心）。

學會順流，對於許多事情都不強求、不執著，更不去控制它進展的方向。

當你能放下控制，臣服於生命更大的安排，尊重每個發生都有其意義，你就能更回到自己的中心，以這樣的生命態度與他人同頻共振。

銀河星系 我是否活出自己的信念？ **Do I live what I believe?**

 銀河白鏡 **Kin 138**

你認為「內在的真實」是如此重要，要能夠承認，更是一件不容易的事！

真實面對自己，進而能夠接納每個不同面向的自己，更是整合生命的絕佳好方法。

如實地活出真實，是你信仰的生命狀態，更是一種態度。

沒有偽裝、沒有面具，才能真正長成自己最想要的樣子。

太陽　我該如何完成我的目的？ How do I attain my purpose?

 太陽藍風暴 Kin139

你渴望改變，當事情自然而然地發生變化時，你就順勢而為。
你內在的意念，會加速改變的發生，並朝向你想要的方向前進。
成為自己或他人生命的改革者，改變原有的現狀，往前跨越一大步。
讓自己在改變的階段中保持穩定，是重要的。
同時，在一場變動之後帶來新的建設，更是讓自己回歸正常軌道的
關鍵。

行星　我該如何完美顯化？ How do I perfect what I do?

 行星黃太陽 Kin140

你是溫暖的火炬，以光明照亮每個無明。
協助自己與他人穿越幻象與陰霾，終能撥雲見日。
給出光，給予力量，給出支持，是你讓每個生命更加完美的方式。
你總能顯化出自己想要的，並帶著幽默的力量。
當你越真實地呈現自己的想法，就越能在生活中完美地顯化出想要
的事物，這也成為你內在強大的生命力。
試問自己：什麼是真實？如何以真實支持自己？如何以真實的特性
來溫暖生命？

光譜 我該如何釋放與放下？ How do I release and let go?

 光譜紅龍 Kin 141

你能從過往的業力中解脫，釋放舊有的慣性與模式。

不再被曾經的阻礙給影響，甚至這些阻礙都能化身為前進的動力，成為滋養自己的資源。

釋放曾經累積的記憶，讓自己能真正自由，也能真正放過自己與他人，放下那些困住自己的生命故事。

讓這些生命的過往帶出更多內在靈感，成為啟發，拿回更多生命真實的力量。

水晶 我該如何將自己奉獻給所有生命？
How can I dedicate myself to all that lives?

 水晶白風 Kin 142

想法、思考、表達，清晰且通透。

你能有意識地透過呼吸讓頭腦更加清晰。

聲音、說話、呼吸，都是你最能夠與他人合作的方法。

你能奉獻出清晰的腦袋，讓心靈的力量得以分享並傳遞。

傳遞真實與美好的語言，在合作關係中開展美麗的互動。

倘若需要與你一同溝通或討論事情，在面前擺些食物，一邊用餐一邊談話，會是很好的選擇。

宇宙 我該如何散播我的喜悅與愛？
How can I expand my joy and love?

 宇宙藍夜 Kin143

豐盛的直覺力，帶領你夢想成真。
在幽默的人生中，能真正醒來並獲得解脫。
你總能看清楚什麼是真、什麼是假。
夢境與現實，夢中世界真的很真實，而現實生活也好像一場夢。
潛意識的豐盛訊息，帶領我們穿越真假的面向，都是真的，也都是假的。
你必能以這大智慧，協助自己與他人回到每個當下，唯有當下是真實的！

12. 黃種子波符／豐收波符

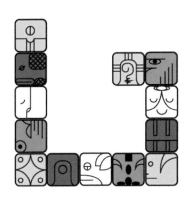

Kin144 ～ Kin156，耕耘並植入美好意念的純真種子。

坐落在「藍色西方蛻變城堡」的黃色收成位置，也是整個卓爾金曆的第十二個波符，帶來圓滿完成、收穫、成熟後的收成品質。

黃種子波的人常常想著：

耐心都快用盡了，怎麼還不開花咧？

最後明白，需要給自己的不只是耐心，而是一份對生命的信心。

印記名人
語錄

文森・梵谷
（Vincent van Gogh，荷蘭後印象派畫家）
Kin146 電力白世界橋，黃種子波符

每個人心裡都有一團火，路過的人只看到煙，
但總有一個人，總有那麼一個人能看到這團火，
然後走過來，陪我一起。
我帶著我的熱情、我的冷漠、我的狂暴、我的溫和，
以及對愛情毫無理由的相信，走得上氣不接下氣，
我結結巴巴地對她說，你叫什麼名字。
從你叫什麼名字開始，後來，有了一切。

磁性　我的目的是什麼？ What is my purpose?

 磁性黃種子 Kin144

種子波符的你，是把「單純的善念」帶到這個世界上的人。

純粹的心、單純天真的情懷，是你的生命本質。

你對於想要做的事情，只要明確給你「目標」，你就能對準目標前進。

覺察自己內在的意念，有足夠的耐心與愛給予自己。

「目標設定」等於是「種下一顆意念種子」，種子需要滋養與支持、足夠有信心的環境，才能蓄積能量，迸發出旺盛的生長力，終有最適當的成熟時刻會開花結果。

「慢慢來，比較快」，你的生命要學習等待，並學會如何慢下來。無論對於你自己或身邊的人，都是一個重要的學習課題。要相信，在對的時機，生命會自然綻放。

月亮　我的挑戰是什麼？ What is my challenge?

 月亮紅蛇 Kin145

由於你的身體相當敏銳且敏感，因此特別容易因為壓力或情緒影響而感到身體不舒服。

那些無法激發生存動力的事物，就無法帶起生命的熱情與活力，你的全身就會提不起勁。

透過這些恐懼或負面感受，是一個把自己帶回到「與身體連結」的好機會，重新建立與身體的關係，回到身體連結就是回到當下，讓自己與身體覺知同步保持臨在。

電力 我要如何給予最好的服務？ How can I best serve？

 電力白世界橋 Kin146

你生命的發電廠，名叫「連接的橋」。

你最能給出的服務品質就是成為那連接的管道。

成為純粹的連結者，其中的品質需要有足夠的通透度，像是中空的蘆葦一樣。

要如何達成通透純淨的管道呢？首先，要帶有願意服務他人的善良意念，同時，要保有不執著的智慧與態度。

當然，在能量層面上更要常清理並保持純淨，如此一來才能連結到高頻的人事物。當你越通透純淨，就越沒有自己的執著，越能給出更好的服務品質。

自我存在 我要用什麼方式服務？
What is the form my service will take？

 自我存在藍手 Kin147

你服務他人的具體方式，就是「動手做」。「手作達人」的稱號非你莫屬！

透過手作，把腦袋裡的點子具體創造出來。動手做的過程，也成為你很好的靜心時光。

完成事務的過程，也能夠讓你有安全感與安心的穩定感受。

你很喜歡且擅長「直接服務」，因此，服務的方式比較不是一直「思考」的類型。

能夠直接以雙手來完成的工作，都是適合你發揮的，包括繪畫、美容、植物、模型、拼布、烘焙等技藝，或是透過雙手療癒的系統，例如靈氣或頭薦骨療法，都在此範圍內。

超頻 我要如何賦予自己最佳力量？
How can I best empower myself?

 超頻黃星星 Kin148

綻放你的美麗，把美感帶入生活中。
你的生命力量，是透過藝術的歷程來展開的。
美感的體驗能夠鼓舞你，藉由藝術創作也能增強你自己的力量。
參與藝術欣賞、投入藝術創作、聆聽音樂、欣賞舞蹈、美麗的穿搭，
都能讓你充滿力量。
嘗試讓自己進行一些喜歡的藝術創作，將會打開生命無窮的力量！

韻律 我要如何將平等向外擴展？
How can I extend my equality to others?

 韻律紅月 Kin149

你的情緒流動有自己的節奏，不是別人說的「多久時間就應該要平
復情緒了……」或者「這件事已經過這麼久了，你怎麼還會為這種
事情傷心呢？」
情緒就像水一樣，流速快慢是由你來決定的。
回復平衡的方式，就是讓感受能夠好好地被看見。
在生活或關係中的失衡，也是因為你沒有先接住自己的感受。
感受被理解、被看見與被聽見，同時又有掌控情緒的能力，在關係
中才是真正的平等。

共振白狗 Kin 150

因著愛，讓你不會失去自己。

透過愛來進行調頻，才能更好地服務他人。

對自己的愛，以及忠於內心感受，是你生命最核心的力量。

藉由愛的互相共振，你是「以心來共振彼此的心」，以愛來共振出更多的愛。

試著思考：如何能與他人用心交流、彼此交心呢？如何保有對自我的愛，同時又能共振給身邊的人？

銀河星系 我是否活出自己的信念？ Do I live what I believe?

 銀河藍猴 Kin 151

你認為幽默有趣是生活中很重要的一件事。

當一個情境變得有點嚴肅窘迫時，你最能發揮自己的幽默詼諧「軟化力」，來化解尷尬與破冰。

遊戲般的人生觀，協助你更能整合內在與外在這兩個層面。

當你發現生活苦悶時，試著去找出這個幽默軟化力，看看內在調皮搗蛋的小猴子會說些什麼，他又會怎麼做呢？

哈哈大笑，從內在笑出來到外在，破解虛假幻象，才能進入真實人生的合一狀態。

太陽 我該如何完成我的目的？ How do I attain my purpose?

 太陽黃人 Kin152

你渴望自由的思考，有自己的判斷。
不是別人說什麼你就照做，你會在內心小劇場跑一輪，叛逆小子也會冒出頭來說話。
你有自由的想像，活出為自己負責的生活情狀。
透過你的智慧，思考你所渴望的，以及想要達成的目標。
你的行動像豹一樣敏捷快速，總能迅速完成想要的。

行星 我該如何完美顯化？ How do I perfect what I do?

 行星紅天行者 Kin153

透過移動到不同空間，切換能量的過程，你找到更多啟發的訊息。
讓沉睡的自己醒來，捕捉完美的靈感，讓跳躍的思緒得以落地且落實下來。
打開好奇心，保持開放的心，不帶有成見。
就是去探索，探索看看還有什麼可能性，還有什麼更好的途徑。
盡情地體驗與探索，能讓生命更臻於完美。

光譜　我該如何釋放與放下？ How do I release and let go?

 光譜白巫師 Kin154

放下時間焦慮，進入內在心理時間之流，讓緊迫的壓力可以釋放。

當你催促著「快點、快點」或者「來不及了，要趕快做完才行」，真的為難了想要「慢慢來」的自己。

進入內在的世界，找到施展魔法的巫師，與他進行一場智慧大師對話，他會告訴你答案。

從內在釋放出源源不絕的魔法威力，感受內在的心思意念，你將能在這裡找到答案。

帶領自己回到當下，進入永恆之中。

水晶　我該如何將自己奉獻給所有生命？
How can I dedicate myself to all that lives?

 水晶藍鷹 Kin155

盤旋在天空，接收來自上天的訊息。

以全觀的姿態，俯瞰且眺望所有的局面。

新的思維、不同角度的思考、換位理解，是你最能給出的清晰力量。

以觀察者之姿，在合作中看見盲點，給出犀利的建議，是你最能奉獻的力量。

引領自己高飛，更能帶著所有人一起飛高高，奔向無垠的天空吧！

宇宙 我該如何散播我的喜悅與愛？
How can I expand my joy and love?

 宇宙黃戰士 Kin156

你是無所畏懼的戰士，以勇氣踏上自己的生命道路。

你喜歡探究事情的根源，打破砂鍋問到底，什麼都想問個清楚，一定要問出個答案才罷休。

獲得答案，你才能真正理解。

理解了，你才能接受並包容。

以勇氣與智慧來分享愛，面對生活中的困局，不再悶著頭自己亂想。

你能帶領自己回到當下，跨越所有困難，長出解決問題的勇氣，分享愛與喜悅給每個人。

第四座城堡・黃色南方給予城堡

收穫與給予的力量

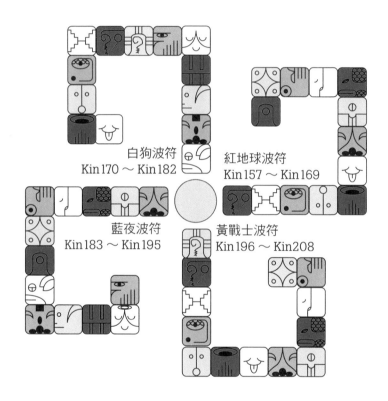

白狗波符
Kin170 ～ Kin182

紅地球波符
Kin157 ～ Kin169

藍夜波符
Kin183 ～ Kin195

黃戰士波符
Kin196 ～ Kin208

13. 紅地球波符／共時波符

Kin157 ～ Kin169，觀察生活中自然又巧合的導航者。

坐落在「黃色南方給予城堡」的啟動位置，也是整個卓爾金曆的第
十三個波符。

要收穫，我們得學習先給予。而我們有能力可以給予，正是因為我
們有所獲得，因為我們是豐盛的創造力量。

紅地球波的人常常想著：
我能感受大地母親的召喚，我是大自然的孩子。
地球與我共存共榮。

印記名人
語錄

史蒂夫・賈伯斯（Steven Paul Jobs，蘋果公司創辦人）
Kin162 韻律白風，紅地球波符

成就的唯一途徑是熱愛自己所做的，
如果你還沒找到的話，
繼續尋找，不要屈就。

磁性 我的目的是什麼？ What is my purpose?

 磁性紅地球 Kin157

地球波的你，對地球有著深厚的愛，渴望把更多善良及助益人類的
行動帶到世界上。

愛地球、照顧大地、服務地球母親，是你的生命目標。

接地氣，順應自然法則來過生活，是你的生活指引。

你能從大自然當中獲得療癒力，得到滿滿的滋養。

你更要學習去觀察生活中出現的徵兆，這些共時的現象並非巧合，
那是地球母親正在啟動導航系統，替你指出下一步。

活出順流的人生，並且能臣服於生命要你前進的方向，帶著信任的
態度，吸引更多順流及輕鬆不費力在生活中開展著。

月亮 我的挑戰是什麼？ What is my challenge?

 月亮白鏡 Kin158

你害怕看見自己內在的真實，因為這些內在的情緒貼著「陰影」的
標籤。

在二元對立當中看見自己的恐懼。那是對負面狀態的恐懼，對揭露
真實自我的擔憂。

當你看見自己都在投射些什麼，就會發現很多事情真的很難承認。

投射到他人身上很容易，但回到自己身上要承認「自己也是這樣」
不容易。

學會更接納自己這些「自認為不夠好」的面向，整合對立面，才能
更好地成長。

電力　我要如何給予最好的服務？ How can I best serve?

 電力藍風暴 **Kin159**

你生命的發電廠，名叫「讓改變發生」。
這是一股改變的力量，你會催化改變加速進展，讓原本該改變的事情更快進行改變。
你能給出改變的品質（推一把），當然你自己也喜歡創新與改變。
在生活階段的順流中前進，把逆流都打掉重練。
或是跟隨時代潮流，進行汰舊換新，重新建設。

自我存在　我要用什麼方式服務？
　　　　　 What is the form my service will take?

 自我存在黃太陽 **Kin160**

提供溫暖的生命支持，以光照耀生命。
服務的形式，是以能幫助大家的生命具有開悟、洞察、覺醒的力量為主。
例如，透過分享自身溫暖且有力量的生命經驗，像是自己如何打磨拋光、練就成太陽光芒的歷程，讓他人獲得新的啟發，並鼓舞他人。
試著思考：你想要用什麼樣的形式來分享自己的生命故事呢？你如何把溫暖的光芒傳遞出去呢？

超頻　我要如何賦予自己最佳力量？
How can I best empower myself?

 超頻紅龍 Kin 161

當你學習或使用古老智慧的系統時，這些系統本身的智慧會賦予你力量，生命力量得以強化並彰顯出來。

你最有力道的點，就是連結並運用老祖宗的人生智慧。

在與本源力量連結上，這個本源包括了地球上的能量聖地、生命智慧的系統，甚至是一個問題的根本解答，你喜歡切入核心去探索最究竟的答案。

同時，家庭也是給予你力量的資源之處，包含過往經驗帶來的智慧、從業力事件中翻轉的學習，都能帶給你生命滋養。

韻律　我要如何將平等向外擴展？
How can I extend my equality to others?

 韻律白風 Kin 162

當你內在有想要表達的想法，可能是學習的收穫、人生的體驗、內在的感受、對於某個議題的想法與思考觀點，可以透過你的話語、歌聲、文字傳遞出來，展現這些所思所想所感（精神與心靈層面的訊息），這是你在人際互動中最能達成平衡的方式。

當你感受到某一首歌的美好，可以跟著哼唱。

當你感受到有些心情卡住，可以好好地長吐氣。

當你想到某些感動或舒服的事，記得好好吸氣。

讓呼吸的韻律，帶領你進入更平衡的生命狀態。

共振藍夜 Kin163

分享豐盛，是你最能給出的共振頻率。

無論是分享內在豐富的直覺訊息，或給予外在的物質豐盛，你總是能傳遞出無限的能量。

不會擔心給出了就變少了，更不害怕給出後就沒有了，因為豐盛是源源不絕地越給越多。

你的夢想，總是提醒著你回到核心。當我們被外在環境影響時，要記得內心那份最豐盛的分享力量。那股能帶你歸於中心的力量，就是憶起那夢想的初衷。

他人會感染到你的夢想、你的豐盛、你的直覺力，在生活中創造出更多豐盛的漣漪。

銀河星系　我是否活出自己的信念？ Do I live what I believe?

 銀河黃種子 Kin164

這是一份相信，信任內在的力量，更是對生命懷抱著的信念。

透過信任每一個生命有無限的力量與潛能，支持每個人活出自己。

最重要的，你有支持自己嗎？你相信自己有無限潛能、相信自己生命的力量嗎？

設定好你內在的目標，信任自己可以做到，耐心等待讓自己綻放的時刻到來。

太陽 我該如何完成我的目的？ How do I attain my purpose?

 太陽紅蛇 Kin165

你能透過連結回身體的感知力，去完成你想要的目標。

把焦點放在身體的感受上，讓身體的直覺力帶著你去做出選擇。

例如，讓身體幫你篩選「要、不要」或「A、B選項哪一個比較適合我」的決定。

感受一下你的手，直接想要去拿A、B哪一個物品。

或者把A、B選項寫在紙上折起來，用手去感受，哪一個讓身體感覺比較輕盈舒服。

身體會帶你認出熱情與活力之點，活出不斷脫皮向上的健康人生。

行星 我該如何完美顯化？ How do I perfect what I do?

 行星白世界橋 Kin166

你擅長連結，不同的人事物會透過你而相遇。你是那座讓大家相聚的橋樑。

就像是漣漪一樣，一個牽動一個，一個帶動一個，彼此形成完美的連結。

在完美的橋樑上，能串連不同面向的資源，進行多項資源整合。

大家各自同頻共振、各取所需，各自找到最適切的緣分連結點。

喬（協調）事情，你更是在行，別人找不到的東西，你也特別容易找得到。

光譜 我該如何釋放與放下？ How do I release and let go?

 光譜藍手 Kin167

釋放壓力的最佳方法就是「手作」。

對你而言，手作是超級療癒的紓壓過程。

進入專注的手作時光，製作甜點、做菜、繪畫、拼布，包括雙手療癒的進行等，都是一場靜心活動。

同時，「完成作品」或「看到成品出現」這件事，也極度療癒，能讓人感受到滿滿的成就感。

手作進行的過程，到完成的狀態，也都能帶領你釋放出更多靈感。

雙手一邊執行，一邊內在的創意靈感源源不絕地冒出來。

水晶 我該如何將自己奉獻給所有生命？
How can I dedicate myself to all that lives?

 水晶黃星星 Kin168

你最能奉獻出自身美感的力量，給出優雅的氣質與品味。

你也能以「美感藝術」的相關主題與他人進行合作。

可以一起進行藝術創作，一起共享美麗的音樂饗宴，或者把想要進行的工作用最美麗的方式來呈現。

同時，你對於是否「有美感」、「美不美」這件事看得特別清楚。

接收清晰的靈感，更是你的天賦。

宇宙 我該如何散播我的喜悅與愛？
How can I expand my joy and love?

 宇宙紅月 Kin169

你是天生的宇宙等級療癒師，天生自帶療癒力。

在你的工作裡，自然而然就能把療癒的力量帶入其中。

無論你是服裝設計師、水晶療癒師、牌卡諮詢師，總是能讓客戶在你面前真實流露情緒。

透過你的同理心，你能感同身受對方的需求，並把這份感受的感染力傳遞出來。

藉由水元素的力量，成為你最有力的療癒工具，例如精油、靈性彩油、花精等等，都與紅月「宇宙之水」的液體能量有關。

當然，你更可以藉由運動、泡澡等活動，揮灑汗水來淨化身心。

14. 白狗波符／愛的波符

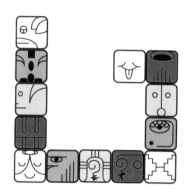

Kin170 ～ Kin182，忠誠於心、良善、慈悲的愛之守護者。

坐落在「黃色南方給予城堡」的白色淨化位置，也是整個卓爾金曆的第十四個波符，帶來淨化與單純的品質。

白狗波的人常常想著：
我要如何能有更多愛，如何能有更多愛的能力，
可以去愛自己、愛他人、愛這個世界。

印記名人
語錄

尼采（Nietzsche，德國哲學家）
Kin180 光譜黃太陽，白狗波符

唯有生長在愛中，才得以創造出新的事物。

磁性　我的目的是什麼？ What is my purpose?

 磁性白狗 Kin170

白狗波的你，把你的愛、忠誠及最良善的心，帶到這個世界，並把這些品質活出來。

你本身就是一個愛的存在、愛的磁力吸鐵。你設定了此生要學會「愛」這件事，安排了在生命的課題和學習中經歷著愛的擴展與覺知，同時也讓你更懂得了什麼是愛的智慧。

不是盲目地給出愛，而是更成熟地懂得如何愛自己及他人。

一開始，你會因為想「讓他人更好」或「對家人很有幫助」而去學習與成長，最終發現自己才是最大的受惠者。

真正的慈悲是回到自己本身，把自己的心照顧好，你就有更多愛去給予。

月亮　我的挑戰是什麼？ What is my challenge?

 月亮藍猴 Kin171

頭腦製造出來的幻象，會帶你進入恐懼之中。

你的猴子腦袋會創造出很多戲碼與腳本，讓你認為很多事情是很可怕的。因此，你會越想越可怕，讓整個黑暗面籠罩住你，黑白世界變成完全對立的。

此時，你的資源就是幽默感，讓詼諧與好玩的能量來幫忙你跳脫二元世界。有高度地看見這些恐懼所帶來的提醒，進而帶出「輕鬆看人生」的成熟眼光。

你偶爾也擅長黑色幽默，或挪揄自己。看見自己的荒唐，真是大智慧呀！

電力　我要如何給予最好的服務？ How can I best serve?

 電力黃人 Kin172

你生命的發電廠，名叫「個人的主體性」。
最能給出的服務，就是「自由的品質」。
你能相當尊重每個人的自由意願，因此從來不強迫他人應該要如何。
重視個人獨特思考，尊重個體性的思維，會思考自己要或不要，也
會思考自己應該如何行動，會替自己的生命做出決定，無論是關於
自己或他人的自由意願所做下的決定，你都能予以尊重。
聆聽對方的意見，各自表達自己的想法，這是你所能給出的好品質。

自我存在　我要用什麼方式服務？
　　　　　 What is the form my service will take?

 自我存在紅天行者 Kin173

你的服務形式，與「跨越、穿越」有關。
可能你掌管的是不同地區的店家，要常常往返不同的地點，或在不
同城市中移動。可能你所給出的服務方式是跨越不同時空，例如「線
上」類型的工作。
當身體或心理在跨越空間的移動中，你可以透過靜心來協助自己更
加穩定。
重要的是，你要能落地又落實地在物質世界生活，讓自己扎根，你
才能掌握真實的生命穩定力量，獲得真正的安全感。

超頻 我要如何賦予自己最佳力量？
How can I best empower myself?

 超頻白巫師 Kin174

內在巫師原型，是你最大的力量。
你的生命被賦予施展魔法的力量，擁有很好的接收力與感知能力。
進入內在世界，有著永恆的心理時間，可以跨越各種線性時間的枷鎖與限制。
不疾不徐，總是能在最對的時間，發生最對的事。
綻放內在的魔法力量，從內心尋找到根源答案，絢麗的光芒就能往外放射，綻放無限可能。

韻律 我要如何將平等向外擴展？
How can I extend my equality to others?

 韻律藍鷹 Kin175

在關係中，能讓你真正獲得平衡和諧的方法，就是要帶入對「不同觀點」的理解！
從各個面向去理解你的家人、工作伙伴、伴侶。
若只從自身的單一面向去看他們是怎樣的一個人，就會在關係中容易形成口角或張力，導致失衡狀況發生。
看懂、看明白，就能換位思考且取得平衡的力量，這是互動關係中的一大解藥。

共振　我要如何使我的服務與他人協調？
How can I attune my service to others?

 共振黃戰士 Kin 176

以勇氣、不放棄、越挫越勇的特質，來將更多力量共振給身邊的人。

你的生命很有韌性，在遇到困難的時刻，更會激發你的勇氣。

你的生命不服輸，在遇到該面對的問題時，勇敢面對。

找出解決問題的方式，鍛鍊你的思考與面對的能力，就能把問題轉化變成智慧。

「來吧！看要給我學習什麼，都來吧！」這是你最能把自己帶回核心的方式。

倘若因為害怕而自我放棄，內心的「心魔」會讓你有動彈不得之感，變成了「還沒上戰場就先舉白旗投降」的俘虜了。

銀河星系　我是否活出自己的信念？ **Do I live what I believe?**

 銀河紅地球 Kin 177

你相信，要臣服於生命的安排，才能活出全然整合的自己。

你體認到共時事件的絕妙發生，不論生命腳本怎麼走，你願意放手，讓自己順流其中。

遇到一直不斷重複出現或提醒的事件，你能看懂這些提醒，並認出這是一份禮物，讓你能認回、接受、順流這樣的力量。

或者，你還在抵抗這些生命中的巧妙安排與發生嗎？

而這股抵抗的力量，是在逆流中。

讓自己進入順流的生命階段，世界就能為你同步開展。

太陽 我該如何完成我的目的？ How do I attain my purpose?

 太陽白鏡 Kin178

完成生命目的之方法，就是「自我關照」。
透過往內看，接納自己的真實，看見一切對外源源不絕的投射只是自己的念頭。
看見真實，就能看見愛。
能接納自己到什麼程度，也是彰顯了對自己愛的理解。
當你能對自己坦白，就能在完成目標的過程中更不需要費力。
你只需要扮演好鏡子的角色，如實反映並照見你所相遇的人事物。

行星 我該如何完美顯化？ How do I perfect what I do?

 行星藍風暴 Kin179

你是完美的推手，最能讓某個人事物「順勢改變」。
你擅長讓事情打掉重練，全部「斷、捨、離」地大清理，再重新組織架構或建設想要的一切。
暴風雨來襲，自然而然地改變力量，加速且催化了你的生命前進。
你在生命的變動中享受著，因為這一切改變能讓你扶搖直上。
能量一轉換後，更能完美創造你的全新計畫。

光譜 我該如何釋放與放下？ How do I release and let go?

 光譜黃太陽 Kin180

曬太陽，是你絕佳釋放壓力的方法。

實際的作法是，找個綠地或公園，讓陽光灑落下來，可以曬一下你的背，讓太陽光的「陽氣」一掃緊繃和疼痛，激活你的健康之力。

同時，內在層面上，要放下那些「一直想要幫助別人」的強迫思想及行為。

要信任他人都能自帶覺醒光芒，總有一天能綻放自己的光采。

水晶 我該如何將自己奉獻給所有生命？
How can I dedicate myself to all that lives?

 水晶紅龍 Kin181

你能清晰地與古老智慧連結，接收來自老祖宗的傳承。

你也一直樂於探尋著某些學習系統的源頭，想要尋根，找到最原初的傳承力量。

宇宙中的智慧，是你想要貢獻的，你有幸成為老靈魂，與古老傳承根源有所連結。

以古老智慧與他人合作，分享你的學習與洞見，能夠協助每個人獲得水晶般清晰的意識。

宇宙 我該如何散播我的喜悅與愛？
How can I expand my joy and love?

 宇宙白風 Kin182

愛要能表達，說出口、唱出歌聲，或者寫出來。

你可以分享自身的想法和感受，這是最能擴散並傳遞愛的方式。

對你來說，可能你是不擅於表達自己想法或感受的人，也或許表達和分享的速度會比較慢一點，但如果你想要這樣做，這會是一個帶領你超越自己生命階段的關鍵。

從現在開始，可以嘗試行動，以白風的心靈力量，把愛真正化為行動，傳遞出來。

15. 藍夜波符／豐盛波符

Kin183 ～ Kin195，擁有豐盛的內在及物質的夢想家。

坐落在「黃色南方給予城堡」的藍色轉變位置，也是整個卓爾金曆的第十五個波符，帶來改變、轉化、蛻變的品質。

藍夜波的人常常想著：
進入夢境，提取潛意識的資訊！
豐盛的生命，我可以如何分享豐盛呢？

印記名人
語錄

牛頓（Isaac Newton，英國物理學家、數學家）
Kin191 太陽藍猴，藍夜波符

愉快的生活是由愉快的思想造成的。
Happy life is caused by pleasant thoughts.

磁性　我的目的是什麼？ What is my purpose?

 磁性藍夜 Kin183

藍夜波符的你，把「夢想家」的力量帶到這個世界，並且能在實際生活中顯化你的夢想。

你會透過自己的方式，規畫並慢慢完成自己夢想的藍圖。

因此，你也勇於做夢，從小就愛做白日夢，常常天馬行空地想像著各種事情發生。

在夜晚的睡夢中，也會不停地出現各種夢境，來給予你生命探索的訊息。

豐盛是一種「沒有限制」的狀態，你是一顆吸引豐盛的磁鐵，豐盛吸引更多豐盛的發生，越分享越豐盛，不擔心給出之後自己就少了。

如同內在寶藏，對應外在世界時，你渴望分享所知所學給身邊的人，也擅長以外在物質來豐盛自己的生活，從內到外的豐盛傳遞，都讓你感到滿足。

月亮　我的挑戰是什麼？ What is my challenge?

 月亮黃種子 Kin184

對你來說，「耐心」是一個挑戰。

種下美麗種子後，多麼希望豐盛的種子能馬上發芽，期待著能夠馬上看到成果、結實累累。

發芽之後，總是需要足夠的時間去醞釀內在力量，才能迸發出美麗的花朵。

你清楚自己有什麼目標嗎？你有給予自己足夠的時間嗎？

帶著目標，保持著對生命的信心，以及對自己的耐心，以愛心澆灌美好種子。

往往，在你不經意的時刻，自然開花結果了！

電力 我要如何給予最好的服務？ How can I best serve?

 電力紅蛇 Kin185

你生命的發電廠，名叫「生命活力」。

若要給出最好的服務，有個重要的前提，就是關於「身體」的「健康表現」。

你的身體是如何回應你的生活現況，是健康平衡、有活力？還是虛弱生病、全身無力呢？

當你能掌握自身的生命活力，越是透過「讓身體有電力」的各種自我照顧活動來替自己充電，維持健康狀態，你就越能提供生命活力的「電能」給予你服務的對象。

自我存在 我要用什麼方式服務？
What is the form my service will take?

 自我存在白世界橋 Kin186

你是一座連接的橋樑，負責張羅與安排人事物，協調大家的位置，並且找到需要的資源。

橫向連結方面，你是介紹人、媒人或仲介，引薦陌生的雙方認識或達成某項交易。

在工作中，你也是很好的平行互動連結者，在夥伴之間形成良好的互動關係。

縱向連結方面，你是那上與下的連接窗口。

在工作中，你對接主管與下屬的需求，讓彼此形成良好的溝通互動。

除此之外，也可能包括了你有天賦去接收「來自上天的靈感」並與人們溝通。

超頻 我要如何賦予自己最佳力量？
How can I best empower myself?

 超頻藍手 Kin187

最強大的執行力，就在你的天賦力量中。
設定目標後，你一定會完成它！
你是完成度極高的人，說到做到。因為如此，你會謹慎地給予承諾。
對於不容易做到的事，你會盡量努力，完成之後才會公諸於世。
你喜歡「實踐」生命中所學的知識，落實並應用在生活或工作中，
把每一件事情做好。

韻律 我要如何將平等向外擴展？
How can I extend my equality to others?

 韻律黃星星 Kin188

你有著自己節奏的優雅步調，別人的催促，或「應該要更快速地完
成階段任務」並不適用於你。如果有人這樣對你進行各種催逼，這
份關係肯定無法和諧平衡。
優雅是你的準則，你有著自己的節拍器，以自己的速度前進。
在團隊合作中，你能依照自己的節奏去完成工作進度，這也是你展
現生命美感的方式。
你喜歡在「被藝術氣氛環繞」的環境中工作，透過音樂與藝術，更
能讓你回到平衡中。

共振　我要如何使我的服務與他人協調？
How can I attune my service to others?

 共振紅月 Kin189

你對「他人的感受」有著極高的敏銳度，很能感同身受，這是你的強大天賦。

也因為如此，所以你自身的情緒也容易被他人共振影響。

如何能把自己帶回核心，帶回自己，形成與他人良好的共振，而不是被他人的情緒影響並帶走，這是你最需要學習的課題。

當你自己的內在核心有力量，就能把這樣的敏感天賦變成「敏銳度」，運用在療癒自己與他人上，發揮強大的傾聽能力，聽進他人的心聲，給出同理的回應。同時，能讓對方情緒流動，抒發自身感受，帶領他人也回到自己生命的核心，拿回自己豐盛的力量。

銀河星系　我是否活出自己的信念？ Do I live what I believe?

 銀河白狗 Kin190

你認為，擁有內心良善的愛，能把服務他人的心擴及到實際行動上，是最重要的。

內在保持愛的意識，忠誠地回應自身需要，你要先善待自己，才能善待他人。

你擁有強大的生命信念，就是愛的力量。透過愛，穿越所有艱難，整合你的內在與外在。

因著愛，你想讓自己更好，更想讓他人幸福，所以你致力於投入讓自己生命豐盛的行動。

哇！原來內在是一份愛的力量呀！

太陽 我該如何完成我的目的？ How do I attain my purpose?

 太陽藍猴 Kin191

你尋求真理，想要看見真實。不想被自己的頭腦給蒙蔽。

渴望在生命中獲得各種靈感與啟發，而這些新的啟發與思維是帶有覺知的意識，能夠帶領你穿越表象、看見真相。

帶著遊戲般的心，你認真投入生活與工作。

時而幽默詼諧，時而調皮搞笑，能讓你更快達標。

你有許多好玩的點子與奇異想像，能帶領著自己超越侷限，跳出原有的嚴肅思維，突破行動僵局，破除自我限制的盔甲。

行星 我該如何完美顯化？ How do I perfect what I do?

 行星黃人 Kin192

經由有意識的思考，想清楚什麼是你要的、什麼不是你要的。

你對自由的定義，有自己完美的詮釋。

因此，你對於什麼是「自由的狀態」也有比較高的要求與標準。

活出你認定的自由，能讓你感受生命的完美度。

同時把這樣的自由狀態擴大其影響的範圍，能協助他人破除匱乏與限制、舊有模式框架、思想的制約束縛、行為的窠臼，活出完美的豐盛人生。

光譜　我該如何釋放與放下？ How do I release and let go?

 光譜紅天行者 Kin193

當你想要釋放壓力的時候，最好的方法就是移動到另一個空間。
出去走一走，繞一下，換一下場景，進行能量的轉換。
藉由移動身體來進行切換，就像打開循環扇或空調的「換氣」功能
一樣，讓自己的頭腦與身心狀態都能獲得新的刺激，得到新的體驗。
如果當下無法移動時，就讓自己進入靜心狀態，觀想自己移動到高
山上，接收清新的空氣。
再者，帶著對各種人事物的好奇心，讓自己打開「探索」的頻道去
學習、探索，就能釋放出內在源源不絕的潛能與靈感。

水晶　我該如何將自己奉獻給所有生命？
How can I dedicate myself to all that lives?

 水晶白巫師 Kin194

與他人合作、團隊一起工作，是一個共創魔法的歷程。
一起施展心想事成的魔法，化不可能為可能。
合作關係，重視的是彼此內在有共同一致的價值與信念。
如此一來，團隊合作更勝於單打獨鬥，能夠把內心想要創造的奇蹟
顯現出來，達成「不可能的任務」。
因此，內在要有頻率一致的信念，是最重要的事情了。
要進行合作會議討論時，你也可以先靜心（即調頻的歷程），有利於
快速達標。

宇宙 我該如何散播我的喜悅與愛？
How can I expand my joy and love?

 宇宙藍鷹 Kin195

你能放眼世界，以宇宙觀的高格局來思考需求，以「世界的角度」
來觀看事情。

帶著不同的看見，就能引發改變的發生。

因著你希望世界有所不同，就能把自己拉到更高的格局與心量來理
解事情。

有高度，帶起改變、創新與改革。

站在不同的高度，擴散自己的愛，格局越高，心量越寬廣。

就像淋浴間的花灑，噴灑出愛與喜悅。

位置越高的花灑，越能以更大的力道擴及更大的區域範圍。

16. 黃戰士波符／智慧波符

Kin196 ～ Kin208，無畏無懼為自己出征的勇敢戰士。

坐落在「黃色南方給予城堡」的黃色收成位置，也是整個卓爾金曆的第十六個波符，帶來圓滿完成、收穫、成熟後的收成品質。
在黃色城堡的黃色波符，帶有雙倍「給予」、雙倍「豐收」的力量。

黃戰士波的人常常想著：
這個世界就是一直前進。
有問題嗎？來，我來解決！

印記名人
語錄

露易絲・賀（Louise Hay，美國自我療癒作家）

Kin203 銀河藍夜，黃戰士波符

我選擇讓我感到被愛與被支持的想法。

I choose thoughts that make me feel loved and supported.

磁性 我的目的是什麼？ **What is my purpose?**

 磁性黃戰士 **Kin196**

戰士波的你，生命就是一場「為自己出征」的戰役。

你是把「勇氣」與「無畏無懼」的力量帶到這個世界上的人。

遇到該面對的狀況，你不退讓，甚至會一直往前衝。遇到該拿出強硬態度時，你也會奮不顧身地勇敢面對。

提出你的質疑，解決困境與難題。面對再艱難的狀況題，你也能越挫越勇。無論在生活、工作、追尋夢想、情感關係裡，你都是採取一貫的態度。

你帶著戰士的精神勇闖天涯，永遠不回頭，因為你對自己說，我也沒有回頭路了！

月亮 我的挑戰是什麼？ **What is my challenge?**

 月亮紅地球 **Kin197**

在生活中，如何信任生命能為你導航呢？

就算眼睛緊閉、看不清方向，或甚至失去人生方向、迷航在汪洋大海之中，你是否依然能夠相信生命自然會有安排？就信任吧！

這樣的信任，真的很挑戰！因為心裡頭真的很恐懼呀！

順流，要有著信任的力量。否則在「流」當中，永遠只是掙扎與逆流（想要往另外一頭掙脫）。

能認出共時的發生，是一種地球給你的確認。如同「重要的事情說三次」，而共時的事情出現三次時，就彷彿是按下確認鍵！

看著 GPS 導航地圖，說說自己能如何腳踏實地往前走，再為自己勇敢一次吧！

電力 我要如何給予最好的服務？ How can I best serve?

 電力白鏡 Kin 198

你生命的發電廠，名叫「反射真相」。
最能提供的服務品質，就是讓自己成為那一面真實的鏡子。
這面鏡子要先拿來照一下自己，先服務自己。
看見自己所有的對外投射，都是自己內在的一部分。
你能真實地承認並接納這些部分的自己嗎？
當你能如實面對並接納自己，才能把這樣的力量向外延伸。
藉由你成為他人的鏡子，幫助他人看清並認回自己的真實力量。

自我存在 我要用什麼方式服務？
What is the form my service will take?

 自我存在藍風暴 Kin 199

你服務的方法就是成為那個「改變的力量」。
你很喜歡做計畫，但往往實際發生的狀況總不在你計畫的版本裡，
甚至隨時都要有「丟掉計畫，往前走」的心理準備。
當有個突如其來的生命轉彎，殺得你措手不及時，你卻又彷彿感受
到一股寧靜的力量從內在升起，能微笑看著這個轉變的時刻。
你能讓自己在暴風圈的核心裡，穩定地前進。
同時也能帶著他人超越暴風雨，在改變中穩定成長。

超頻 我要如何賦予自己最佳力量？
How can I best empower myself?

 超頻黃太陽 Kin200

你是溫暖的小太陽，綻放最強大的暖心力量。

生命如果沒有磨練，就無法照亮他人。因此，你積極地想要自己活得更好，想把自己的生命活出光采，因為你知道，許多人會因你而受益。

無論在家庭、生活、人群服務裡，你常常想著要如何去幫忙他人。

協助他人成長，是你一直放在心上的。

讓自己學習，也是因為想著能如何更好地幫忙他人。

這一股強大的生命力量，帶領你綻放開悟的火光，照耀每一個與你相會的人。

韻律 我要如何將平等向外擴展？
How can I extend my equality to others?

 韻律紅龍 Kin201

在關係中，你意識到那份「不平衡」是來自於過往記憶的綑綁。

帶領自己回到平衡裡的方式，就是清理這些記憶的負面影響，轉化對這些事件的看法，賦予新的詮釋與理解。

當你翻轉了過往經驗給你的影響，制約不再是制約，而是成為滋養的力量。

你就能不被他人的節奏帶走，而是能創造屬於自己的節奏。

有自己的流動，有自己的人際互動節奏，讓滋養的感受成為主旋律，滋養關係中的每個人。

共振 我要如何使我的服務與他人協調？
How can I attune my service to others?

 共振白風 Kin202

你說出的語言、寫出的文字，非常有影響力。
彷彿是天生的演說家，是一個傳遞訊息管道、分享者。
給出什麼意念，就能共振出相對應的頻率。
接收到的人，都能被這些心靈的傳遞力量給共振著。
因此，你覺察到自己所帶出的話語，要在一個高頻與正向的力量上。
以高頻共振高頻，以正向來傳遞更多正向力量。

銀河星系 我是否活出自己的信念？ Do I live what I believe?

 銀河藍夜 Kin203

你認為，有著「豐盛意識」是重要的。
內在相信豐盛，信仰著豐盛，就要有對應的豐盛行動來佐證。
你認為，豐盛的人會做出怎樣的行動呢？就去做出你認為的豐盛行動吧！
例如：慷慨大方的請客，或搭計程車時說不用找零。
當你做出這些豐盛的行動時，是在替自己的豐盛信念充電，這樣的豐盛行動與信念彼此循環，並「回授」給生命。
如此整合的歷程，能落實從內到外真正的豐盛。

太陽 我該如何完成我的目的？ How do I attain my purpose?

 太陽黃種子 Kin204

你願意帶著耐心與對意念的覺察，朝向想要完成的目標前進。

內在渴望著，想要讓更多美好落實在生活裡，想讓自己種下的美麗種子可以綻放豐盛的果實與花朵。

希望自己許下的願望與目標都能達成，而達成的方式就是一股「相信」的力量。

相信自己有無限潛能，信任生命會給予最良善的灌溉，成為種子的支持。

信任著：具有無限潛能的種子，會在最適合的時機點自然綻放，並且收成美麗果實。

行星 我該如何完美顯化？ How do I perfect what I do?

 行星紅蛇 Kin205

身體的感知力，是你的天賦。

透過展現熱情的回應，讓你正在進行的事更添加完美力量。

帶著你的怦然心動、你的渴望、對生命的熱愛，能顯化你想要顯化的事物。

同時，完美的脫皮，讓自己徹底重生，更是你讓生命完美的一種方式。

生命渴望進展、渴望移除舊有的限制，達成生命擴展與成長的目標。

光譜　我該如何釋放與放下？ How do I release and let go?

 光譜白世界橋 Kin206

你想要釋放壓力時，最好的方式就是與人連結。

當你有任何放不下的人事物想要放下時，就是需要「再次連結」的時候了。

讓自己可以去進行溝通，透過溝通與連結，話講開了，心結就能自然釋放，自然也能夠放下。

同時，當你開始與人連結的時候，更能釋放出內在靈感。

這也是一個雙倍強度的釋放力量，你對於想要結束的事情，只要你想清楚，馬上就能做出決定，立刻結束。

水晶　我該如何將自己奉獻給所有生命？
How can I dedicate myself to all that lives?

 水晶藍手 Kin207

這是與自己的生命共同合作的力量。

把所知所學實踐於生命裡、落實在生活裡，奉獻給所有生命。

「百無一用是書生，學以致用是關鍵」，說的正是如此。

沒有實踐出來，沒有落實自己所學，就無法清晰表達生命的「知道」！

唯有真正去做的那個時刻，生命的知道才是與你共同合作的開始。

同時，你喜歡且擅長各種療癒的知識系統，並透過雙手的療癒能量，將學習到的知識應用在與人的互動中。

宇宙 我該如何散播我的喜悅與愛？
How can I expand my joy and love?

 宇宙黃星星 Kin208

滿滿的靈感，在你頭頂上咻咻咻地飛來飛去！

你能透過接收各種靈感，並且把這些訊息融合自身生命經驗，轉化出來並分享給他人。

藉由文字、語言、圖像、藝術創作、歌聲，各式各樣的形式呈現，把自己內在感知到的經驗表達出來，這是你最能分享愛與喜悅的方式。

透過分享，你能把真實的內在力量傳遞給每個人，並且帶領自己與他人超越原有的生命情狀，活出美麗新世界。

第五座城堡・綠色中央魔法城堡
共時與施展魔法的力量

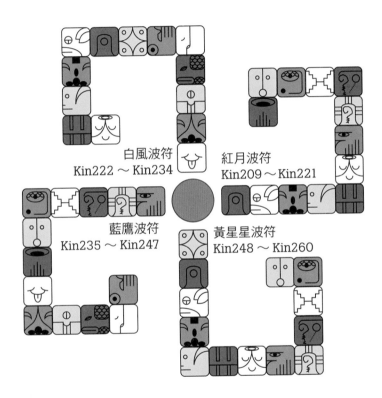

白風波符
Kin222 ～ Kin234

紅月波符
Kin209 ～ Kin221

藍鷹波符
Kin235 ～ Kin247

黃星星波符
Kin248 ～ Kin260

17. 紅月波符／水情緒波符

Kin209 ～ Kin221，感受瘋狂強烈的情緒療癒淨化達人。

坐落在「綠色中央魔法城堡」的啟動位置，也是整個卓爾金曆的第
十七個波符，帶來開始與開始的力量。

紅月波的人常常想著：
哪來的這麼多情緒，怎麼會這麼好哭？
哪來的這麼多感動，怎麼可以這麼瘋狂？

印記名人
語錄

米開朗基羅
（**Michelangelo**，義大利文藝復興時期的藝術家）
Kin212 自我存在黃人，紅月波符

我在大理石中看見天使，
於是我不停地雕刻，直至使它自由。

磁性　我的目的是什麼？ What is my purpose?

 磁性紅月 Kin209

紅月波的你，是把情緒的淨化力與療癒力帶到這個世界上的人。

「情緒的感染力」是你的天賦禮物，更是你最具吸引力的能量。

你是性情中人，對於事情的感受很深刻，同理心也很強大，能聽見他人的內心感受。

你是主導情緒力量的源頭，而你的流動能讓全場都流動。

月亮掌管了情緒的敏銳度。情緒就像內心的海洋，你是會反應出波濤洶湧心情的人嗎？或者你常以理性來處理情緒，表現出平靜無波的靜止湖面？

體驗自己的情緒，活出健康的情緒表達，就能把這樣的療癒力帶給周圍與你相遇的人。

月亮　我的挑戰是什麼？ What is my challenge?

 月亮白狗 Kin210

「對於自己內心的感受，請忠於自己的心。」

「面臨人生重要選擇時，請誠實地對待自己。」

面對生活挑戰時，為何會讓你猶豫是否真的要這樣做？

那是因為你會與自己內心真實感受形成二元對立的局面，或以理性來思考：「我這樣做是不是會太過自私呢？」

偶爾，你會毫不遲疑做出自己的行動，會以自己認為愛對方的方式來表現。但只要對方說「這不是我需要的愛」的時候，你就受傷了。

你恐懼自己「不被愛、不被喜歡」，而這樣的恐懼又讓你陷入窘境。

在生活中練習活出自己最自然的展現，不需要討好或迎合誰，對自己與他人最自然的關心，就是最真實的愛。

電力　我要如何給予最好的服務？ How can I best serve?

 電力藍猴 Kin211

你生命的發電廠，名叫「遊戲」。

你最能散發出遊戲的「輕鬆能量」，喚醒每個人內在純真的赤子之心，進而協助我們看穿每一個幻象。

人生就是「玩起來」，就像進入魔術師的舞臺，要看懂什麼是真、什麼是假。

千變萬化的手法與把戲，就像我們的頭腦編寫出的小劇場，搞得我們目眩神迷。

偶爾有小丑串場，捉弄魔術師或觀眾席上的我們，讓我們哄堂大笑。

表演結束後，人潮退散，我們就像進入後臺，看著魔術師拆掉道具。

「哇！原來這些都是假的呀！」

自我存在　我要用什麼方式服務？
What is the form my service will take?

 自我存在黃人 Kin212

你渴望能夠透過自由的思考，發揮自身的影響力。

有著自己對於事情的思考、價值觀與獨特的觀點。

你能提供自由討論的氛圍，讓各種可能性的想法都被提出來。

你的自由與安全感是畫上等號的，越感覺到自由的狀態，越能感受到更多安全感。

因此，你的工作方式絕對要很自由。當你給自己更多的自由思考空間，行動上也能自由有彈性時，你會渴望將這些自由度給予一起合作的伙伴，或者激發他們的自由度，讓彼此都能展現內在思維的自由，以及外在行動的自由作風。

超頻　我要如何賦予自己最佳力量？
How can I best empower myself?

 超頻紅天行者 Kin213

你最能夠透過「移動到不同的地方」來展現最大的力量。

在不同城市移動，工作、學習或生活。在家裡與朋友相聚，到餐廳與客戶談生意，到咖啡廳工作，每一個場景都能讓你吸收了滿滿的「新鮮能量與好奇頻率」。

在切換過程中，你也探索了各種不同的可能性。

從中獲取了新鮮的空氣，讓身體也移動轉換到新的頻率，同時也體驗到靈感滿溢的時刻，而這就是你最能綻放力量的方式。

透過新的環境、新的場域、新的體驗，讓你內在的力量得以綻放。

韻律　我要如何將平等向外擴展？
How can I extend my equality to others?

 韻律白巫師 Kin214

在時間之流裡，你有自己對於時間的定義與感受。

時間不是線性的，更不是固定的時鐘架構。

讓自己回到平衡的方法，就是要進入那個「當下」的狀態裡。

你有自己的心理時間規則，做著自己熱愛或專注的事情時，彷彿進入「無時間」之中。

時間暫停，只在這個當下，像是進入「靜心」時刻的寧靜感。

在人際互動中的平衡，更是一個向內看的歷程，所有一切的解答都在內心。

往內尋找，內在會有問題的答案。

共振 我要如何使我的服務與他人協調？
How can I attune my service to others?

 共振藍鷹 Kin215

你擅長以不同角度的思考，調整自己想法的「中立」客觀性。
讓自己的思考維度能在比較高的格局裡，同時又能保持不偏離自我的核心。
眼光不狹隘，也不偏靠哪一方，更不會因為誰說了什麼就有所動搖。
如此一來，心智層面得到更好的擴展。人生觀、價值觀、世界觀，三觀都獲得開展，並以此擴展的視角與他人共振，帶來更多新的思維與理解。
以「全觀」的視角，帶來「心智」思考的廣度，往前帶出行動的「創造」。

銀河星系 我是否活出自己的信念？ **Do I live what I believe?**

 銀河黃戰士 Kin216

遇到該面對的問題時，你認為就是要「直接面對問題」，不應該躲避或退縮。
你相信，若要獲得人生的成長與智慧提升，最好的方式就是「面對它」。
當然，「不解決」也是一種很好的解決方案，不一定要做些什麼行動。
往往當你願意面對問題時，一半的困擾都已經被解決了。
因為你明白，最大的心魔是來自於內在的恐懼。
無所畏懼地活出自己內在的信念，在生活中落實，是你體驗生命歷程的最佳整合方法。

太陽　我該如何完成我的目的？ How do I attain my purpose?

 太陽紅地球 Kin217

在水的流動裡，你更強調「順流」的力量，可以帶領你完成流動與
淨化的生命目的。

順流，是一種能認出共時現象出現在生活中的敏銳觀察。

發現「共時事件」的重複發生時，就像是地球自轉的生命羅盤正在
替你導航。

如此一來，便能發展出你的生命藍圖，並設下航行記錄。

最佳路徑、該如何前進，你都不需要傷腦筋。因為當你能在順流中，
生命航道自然開展。

你所需要做的就是：「我知道，我要臣服於順流之中」。

行星　我該如何完美顯化？ How do I perfect what I do?

 行星白鏡 Kin218

世上最完美的力量，就是無窮無盡地看見自己，並且自我接納。

在生命中，我明白一切都有其完美的秩序，而這樣的秩序與出現的
規則，並非是以我們的頭腦能理解的方式呈現。

所有出現在我們面前的人、事、物，都是在顯現我們內在的一部分。

因此，若我能看懂這些秩序，並且能更寬容地接納自己，信任這些
出現的安排，何嘗不是一種完美的節奏呢？

光譜　我該如何釋放與放下？ How do I release and let go?

 光譜藍風暴 Kin219

內在正醞釀著一股強大的能量，蠢蠢欲動。

這是即將掀起蛻變與轉化的風暴，也是一波強大的改變勢能。你想要讓這樣的能量釋放出來嗎？

你是改革者，這是你的天賦。釋放你的天賦，就能協助自己與他人加速改變！

透過變動，把自己帶入自然前進的運轉之中，讓自己進行徹底地放下。例如，透過搬家，把東西一次丟乾淨。或者透過離開某個關係、轉換工作，把過去的痛苦記憶或包袱一次清理完。

水晶　我該如何將自己奉獻給所有生命？
How can I dedicate myself to all that lives?

 水晶黃太陽 Kin220

你是清晰的光芒，被你的太陽光照耀之處，都充滿光明。

那些黑暗的地方、陰影的角落，都突然明亮清透了起來。

在合作關係中也是如此，你是關係中的溫暖小太陽，提供支持的力量。

你能透過生命經驗的分享，活出自己的光采，同時帶給旁人覺醒與開悟的力量。

把生命力感染並奉獻給所有生命，這是你最想給予的力量。

宇宙 我該如何散播我的喜悅與愛？
How can I expand my joy and love?

 宇宙紅龍 Kin221

你是有智慧的老靈魂，帶有療癒與滋養的力量。
有你在的地方，你總能發散出滋養關懷的特質。
透過分享馬雅古老智慧的訊息，你能成為散播愛的分享者。
透過與他人探索原生家庭的根源記憶，你能把生命的力量找回來。
透過探索事物本質的根源，找到存在於當下的品質。
「我在，我在，我在！」
連結過去，就更能把自身力量帶回當下！

18. 白風波符／精神波符

Kin222 ～ Kin234，想著並說著美好語言的心靈傳遞者。

坐落在「綠色中央魔法城堡」的白色淨化位置，也是整個卓爾金曆的第十八個波符，帶來淨化與單純的品質。

白風波的人常常想著：
好好呼吸，好好吃飯，好好說話。
藉由我的意念，讓天空晴朗。
透過我的呼吸，為心充電。

印記名人
語錄

卡爾・榮格
（Carl Jung，瑞士心理學家、分析心理學創始者）
Kin234 宇宙白巫師，白風波符

心理治療的主要目的，
並非使個案進入一種不可能到達的幸福狀態，
而是幫助他們建立一種哲學啟發式的耐心與堅定，
來面對苦難。

磁性 我的目的是什麼？ What is my purpose?

 磁性白風 Kin222

白風波的你，是把心靈力量帶到這個世界的人。

你的語言是一顆強力磁鐵，吸引了同頻的狀態發生。成語「一語成讖」就是描述此狀況。

你嘴巴說著什麼語句，也代表了你會吸引什麼樣的事情發生。

因此，要聽著並覺察「我是如何對自己說話」，注意你都在批評自我還是肯定自我，是非常重要的。

說話及溝通，是你的天賦。或許你天生就很會也很愛說話，或很愛吃。而回到內心世界可能就不是這麼一回事了，因此「好好表達自己的想法與感受，進行良好溝通」是你最重要的學習功課。

對應的身體部位，就是呼吸道的順暢，也是重要的關鍵力量。能夠好好呼吸、傳遞舒服的意念、進行一場好溝通，是你最重要的使命。

月亮 我的挑戰是什麼？ What is my challenge?

 月亮藍夜 Kin223

你能勇敢夢想嗎？你敢把夢想做大嗎？看到夢想就在眼前，你真的能勇敢追求嗎？其實，這對你來說，有個挑戰的力量在這裡。

你很想要完成這個夢想，同時又恐懼無法達成，甚至會陷入負面白風力量：「我一定做不到！乾脆別想了，維持現狀就好。」

然而，你越想學習的項目，越會有挑戰的關卡讓你去突破。

透過這個機會，再次檢視並清理內在關於豐盛的恐懼或限制信念：你是否怕自己太豐盛？是否擔憂自己日子過得太好？如果過得太順利，太快美夢成真，好像必須付出什麼不好的代價？

藉由吐氣，清理這些限制豐盛的信念，讓你的夢想熱氣球能夠真的升空。

電力 我要如何給予最好的服務？ How can I best serve?

 電力黃種子 Kin224

你生命的發電廠，名叫「樂觀」。

散發出樂觀的態度及語言，是你在生活中最好的服務品質。

你內在有著一份穩定扎實的力量，包含了自我鼓勵的自信，也有自信去鼓勵他人，使他人具有信心。

覺察自己所種下的意念，帶著對自己、人、事件與生命的信任去等待，給予自己足夠的時間去完成目標。

「給予耐心」，允許有足夠的時間去等待。「慢慢來」，是你在對待自己與他人時很重要的關鍵品質。

自我存在 我要用什麼方式服務？
What is the form my service will take?

 自我存在紅蛇 Kin225

你的熱情在哪裡，就去做你覺得做起來有熱情的事。

去探索你的熱情，透過實際身體的感受，體驗到什麼是會讓身體感動的事。

你的身體會帶著你、支持你，去展現你的服務。

而你的服務形式，往往也跟提升人們的健康品質、想法的改變這類型的主題有關。

同時，你也可以去探索「本能」就會的事，一做就容易上手的事情，或者不需要太多學習就會做得很好的事情，可以把這樣的「形式」當成你的服務方式。

超頻 我要如何賦予自己最佳力量？
How can I best empower myself?

 超頻白世界橋 Kin226

你最大的力量，就是與人、事、物的「連結」。

透過串連，你能放大各種機會，把各種可能性擴展到最大值。

例如，你與朋友一起用餐，在餐會上認識新朋友，新朋友替你帶來新的生意發展機會，而你也能貢獻自己的資源，形成彼此更多的交流。

經由與人的連結，你感受到自己的內在力量是往外綻放，充滿自信的光采！

美食與談天、說話與溝通、連結與串連，都是你能增加力量的最好方式。

韻律 我要如何將平等向外擴展？
How can I extend my equality to others?

 韻律藍手 Kin227

你會依照自己的節奏與速度，完成你想要完成的事情。

透過親自參與，親自動手完成，把學習融入生活體驗裡。

更重要的是，你能「實踐」生命中的所學，落實並應用在人際關係裡，這是你最能獲得平衡的方法。

關係中的平等與平衡，就是你的最佳實驗場，可以把知識好好地運用在自己身上，同步擴及到關係中。當你能調整自己的想法與行動，不僅自身獲得療癒，在人際關係互動中能更加平衡。

共振黃星星 Kin228

你就是喜歡漂亮美麗的東西，能以優雅的貴族氣息與他人共振。

或許你會有實際的藝術創作展現，與他人共振，例如藝術作品與任何形式的藝術展現活動。當然，透過實際「參與藝術」也能與最美的自己相遇，繪畫、舞蹈、音樂、看展覽或表演、雕刻等，都是很好的選擇。

同時，你內在也有著對他人的高標準與挑剔，而這些批判的聲音，對自己與他人都會形成來回的共振漣漪，讓你優雅不起來。

如何讓自己回到核心、回到自己的最好方法，就是透過內在「與自我的美麗對話」，開啟一股清新的優雅特質，以最美麗的姿態從內到外展現。

銀河星系　我是否活出自己的信念？ Do I live what I believe?

 銀河紅月 Kin229

問問自己，你是否有活出自己真實的情緒呢？還是你比較常以理性來壓抑真實感受呢？

感受是思想的延伸，行動又是落實感受的重要展現，並且內外整合。你的內在心思意念如何思考、你的價值觀如何判斷，都會影響著你的感受與流動。

同時，你的行動又展現了你的感受流動的方向。

你的行動，依照著你的感受來前進。當感覺到自己需要以某些行動來流動情緒時，請你支持且跟隨這個感受並實際採取行動，讓感受能夠真正流動起來。

太陽 我該如何完成我的目的？ How do I attain my purpose?

 太陽白狗 Kin230

你渴望付出愛，渴望能夠好好的以「愛」去完成你的生命傳遞。
同時帶領每個人發現什麼是愛，並從愛自己開始。
當內心有著愛與良善的本質，想要讓自己更好、讓社會更好，你的
意願與想望就能帶領你完成目標，達成想要把美好的心靈力量帶到
世界的使命。
忠於自己的心，能讓你保持正確的前進方向，完成生命的目標。

行星 我該如何完美顯化？ How do I perfect what I do?

 行星藍猴 Kin231

你最完美的呈現方式，就是玩起來。
無論是在遊戲、輕鬆的氣氛中，都能讓你清晰地看見真實的樣貌。
在緊張嚴肅的情境中，你總是無法表現該有的水準。
這般「玩美」的力量，越是好玩，就越能激發你的創造力，越能把
目標顯化成真！
試著思考：如何能讓自己保持幽默感呢？如何能讓幽默感成為你加
分的利器？有趣的創意與點子，將完美你的工作與生活。

光譜 我該如何釋放與放下？ How do I release and let go?

 光譜黃人 Kin232

獲得內在真正的自由，能讓你有放下與解放的感受。

你明白「自由」不是別人定義的，而是你內心的想法與思考影響了你是否自由。

即便他人認為你的生活或工作型態不自由，但你內心認為自己做出了自由的決定，並替自己的選擇負起責任，這就是真正的自由情狀。因此，「不自由」也是自己的想法所設限的。

成為一股自由來去的風，便能釋放出自由的思想與影響力，協助自己與他人釋放更多自由。

水晶 我該如何將自己奉獻給所有生命？
How can I dedicate myself to all that lives?

 水晶紅天行者 Kin233

你最能以開放的態度，帶著「好奇心」與他人合作。

你可以貢獻自己的敞開，願意不帶成見地去「好奇」每一個生命歷程的發生。

你就像孩子般的純真眼光，好奇這個世界，好奇著所有你沒有聽過或經歷過的新鮮事。

渴望探索生命，越探索越清晰，穿梭在不同時間空間裡，與所有生命交會連結著。

宇宙　我該如何散播我的喜悅與愛？
How can I expand my joy and love?

 宇宙白巫師 Kin234

心向內，是你最能回到當下並分享生命智慧的方式。

「向外看的人在做夢，向內看的人清醒」，榮格如實地傳遞了宇宙白巫師主印記的力量。

當你不再向外尋求答案，閉起眼睛，接收內在智慧，相信在內在本源之處有著智慧升起的時刻，就能把這樣的智慧擴展開來，分享給每個人，生命的喜悅與答案就在你的內心。

19. 藍鷹波符／視野波符

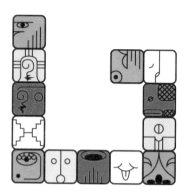

Kin235 ～ Kin247，清晰寬廣視野、洞悉現象的觀看者。

坐落在「綠色中央魔法城堡」的藍色轉變位置，也是整個卓爾金曆的第十九個波符，帶來改變、轉化、蛻變的品質。

藍鷹波的人常常想著：
高的地方，才是我的家。
我要飛到天上，看看下一步可以做些什麼。

印記名人語錄

泰戈爾
（Rabindranath Tagore，印度詩人、哲學家）
Kin244 行星黃種子，藍鷹波符

當你因錯過太陽而流淚，
你也將錯過群星了。

磁性藍鷹 Kin235

藍鷹波的你，能活出有高度的視野，把不同看見帶到生活中，就是你要展現的使命。

要成為一個「觀察者」著實不容易，因為我們面對事件時，總想著要涉入其中，急著要出手。無論是「想幫忙」或想要「解決問題」，都讓我們忘記保持客觀來看待每一個發生。

帶著一點距離來擔任「觀察者」，就只是「看著」眼前發生的狀況。有時候，面對他人的事情特別容易有不同的思維與看見，但面對自己的事情時，也會忘記要飛高才能看清全貌。

「往後退一步，就能思考下一步」，這是你生命的不變法則。

在「新的高度」看待事情，帶來新的心智擴展與理解，帶來創新又落地的新行動，一個又一個的創造因此而綿延誕生。

月亮 我的挑戰是什麼？ What is my challenge?

 月亮黃戰士 Kin236

你內心有很多想法，在腦海裡的小劇場上演著各種劇本。

你也有很多對事情的質疑，而這些思考都默默地在腦袋裡轉呀轉的。

當你想要說出來，想要提問時，也會害怕自己可能問出「笨問題」而作罷。

「算了，不問了，這事情就這樣吧，不處理了，好麻煩呀！」

但是問題又出現，再次挑起你的恐懼，因為過往不愉快的記憶全再次浮現上來。

此時，記得往後退一步，成為勇敢的戰士，想一想下一步該怎麼做，提出來討論，無所畏懼。

電力　我要如何給予最好的服務？How can I best serve?

 電力紅地球 Kin237

你生命的發電廠，名叫「腳踏實地」。

在生活中，當共時的事件與徵兆發生，你能認出這些徵兆要帶給你的訊息，並且採取順流法則，隨順當下的發生，提供適切的服務。

在自然界的環境中，你更能感受到療癒的力量，並且能給出好的服務品質。

服務自己與他人，從接觸大地與自然環境開始。

當你感受到地球母親給我們的接納與愛，便能更加支持並服務自己，同時也能把力量給他人，讓他人更有力量。

自我存在　我要用什麼方式服務？
**　　　　　What is the form my service will take?**

 自我存在白鏡 Kin238

你是一面真實又穩定的鏡子，提供真相，讓每個人找到屬於自己真正的安全感與自我價值。

你服務的具體方式，會以提供他人能夠「看見自己」的方法為主要方向。

你會提供資源或管道（提供鏡子）給予他人，進行自我探索與成長的觀察。

同時，你在工作服務中，也能實際運用「投射工具」，例如牌卡工具、科學化評量、心理測驗等，協助每個人真實看見自己的盲點，回到內在真正的歸屬感。

超頻 我要如何賦予自己最佳力量？
How can I best empower myself?

 超頻藍風暴 Kin239

當改變的機會來到你面前，你願意接受這個改變嗎？

這個轉換的機會，也許是工作、關係或學習的可能性，同時也是帶你離開原有舒適區、習慣之生活模式的機會，讓你嘗試一些新的體驗，也可能會是你從來沒有做過的事。

若你想讓自己有所突破與前進，往上躍升，就順隨這自然的改變發生，讓自己的成長與改變一同前進。只要你願意，就能放下舊有的思考、行動、情感模式，同時催化改變的發生。

改變的力量無比強大，只要你一轉動，整個內在力量就綻放！

韻律 我要如何將平等向外擴展？
How can I extend my equality to others?

 韻律黃太陽 Kin240

你能以溫暖與關懷，善解並同理自己與他人的生命。

在人際關係中，你有著一份平等關懷與溫暖的心，你關懷這個世界、關心周圍的人，更是一位體貼陪伴的好朋友。

你特別重視生命的平等性，尊重每個人都有自己的生命節奏，何時展露光芒，都有其獨特的節奏。同時，你也能尊重自己的生命節奏。

你相信每個人都能活出生命的光采，以光芒照亮光芒，以溫暖之心獲得溫暖。

共振　我要如何使我的服務與他人協調？
How can I attune my service to others?

 共振紅龍 Kin241

你把自己調頻回到核心最好的方式，就是憶起自己擁有生命本源的
力量。

在你生命最核心的部分，就是與家庭源頭的聯繫，以及古老智慧的
連結，一直支持著你、滋養著你。

透過源頭力量的探索，回溯自己的生命本質，你知道自己帶有什麼
樣的天賦能力。

當你能喚醒這些存在於核心的力量時，不只能把自己帶回中心，更
能把滋養的力量共振給身邊與你相遇的人。

銀河星系　我是否活出自己的信念？ **Do I live what I believe?**

 銀河白風 Kin242

你相信精神層面的「意念」才是真實的存在。

要活出自己的生命，最重要的是內在思想要與外在行動整合為一。

說出真實的語言，你說出的話語也代表內在真正相信的。

溫暖的話語、肯定有力量的語言，更能帶動自己的力量。

你怎麼想，就怎麼行動。行動代表語言與思想的展現，把內在與外
在整合起來。

你可以做個深呼吸，往內問自己：「我現在有在自己裡面嗎？有跟自
己在一起嗎？」

讓紛雜的思緒回到安靜的呼吸裡，回到內在，與自己整合在一起。

太陽　我該如何完成我的目的？ How do I attain my purpose?

 太陽藍夜 Kin243

渴望豐盛的展現，從內在直覺力的豐盛到外在物質的豐盛。
意圖要放在豐盛上，豐盛就能創造豐盛，吸引豐盛的目標達成。
意圖若放在匱乏，匱乏的想法、感受、畫面，就會一直吸引更多恐懼，就更看不到未來。
想像著夢想成真的畫面，裡頭有著哪些情境呢？賦予夢想正向積極的畫面與感受。
盡可能地聚焦在讓畫面更具體，專注地凝聚豐盛意願，目標自然就會達成。

行星　我該如何完美顯化？ How do I perfect what I do?

 行星黃種子 Kin244

對於目標的完成，你需要更多的耐心。
不必著急，因為你知道種子終究有成熟綻放果實的那一天會到來。
在事情進展的過程中，你會心急，因為你總是想要快點顯化「你想要的事情能達成目標」，或者事情要趕快解決完成。
然而，對你來說，「完美」就是要慢慢來。越對自己有耐心、信任自己與他人，越能更加輕鬆達標。
這是一份磨練，慢慢磨，慢慢來，慢慢長大，慢慢成熟。
就像釀酒一樣，醞釀最美好的成果，越陳越香。

光譜 我該如何釋放與放下？ How do I release and let go?

 光譜紅蛇 Kin245

身體直覺力是你的最佳感應器，更是一種生存的天賦。
你的身體無時無刻都在釋放訊息，把內在的需求讓你知道。
吃到適合當下的食物，與對頻的人互動連結，待在適合的環境中。
這些都能讓身體感覺好、感覺對、感覺舒服。
釋放內在壓力的方法，就是透過觀察自己的身體，看看現在身體需
要什麼？
從觀察身體的經驗中累積訊息，用最適合的方式來回應並照顧身體。
依照身體的需求做回應，依照身體帶領你前進的方向去行動。

水晶 我該如何將自己奉獻給所有生命？
How can I dedicate myself to all that lives?

 水晶白世界橋 Kin246

你對於「結束」一段關係的狀態，看得很清晰，也很清楚知道該是
結束的時候。
該結束就結束，你不會眷戀；該開始就開始，你也不會卻步。
在合作關係中，你是清晰的管道。
最能貢獻出的力量，就是清透的直覺敏銳度與人際連結力。
連結人與人之間的交流，連結彼此的頻率，連結更高次元或天地的
能量，都是你的天賦所在。

宇宙 我該如何散播我的喜悅與愛？
How can I expand my joy and love?

 宇宙藍手 Kin247

你具有宇宙級「療癒力」的本質與特性，散發著支持的力量。
雙手創造力十足，可以把你的看見、觀點、想法等各種內在的視覺，
轉化成具體的作品，實踐力強大。因此，你做事情的完成度極高，
給你足夠的時間，你就是最佳的執行者。
你更具有無限的溫暖與療癒的力道，是需要陪伴時的最好人選。
能保持客觀的態度，安靜地傾聽與同理，適合給出建議，並對事情
有不同角度的看見。
適時伸出援手，分享愛與喜悅，這是你最能發散出的最大療癒天賦。

20. 黃星星波符／藝術波符

Kin248 ～ Kin260，把靈感化為美麗事物的優雅藝術家。

坐落在「綠色中央魔法城堡」的黃色收成位置，也是整個卓爾金曆的第二十個波符，帶來圓滿完成、收穫、成熟後的收成品質。

黃星星波的人常常想著：
我要讓自己的光芒綻放，登上國際的舞臺。
接收靈感，網路世界就是我的大平臺。

印記名人
語錄

亞伯特·愛因斯坦
（Albert Einstein，理論物理學家）
Kin260 宇宙黃太陽，黃星星波符

想像力比知識更重要，
因為知識有限，而想像力無限，
它包含了一切，推動著進步，
是人類進化的源泉。

磁性 我的目的是什麼？ What is my purpose?

 磁性黃星星 Kin248

星星波的你，是把靈感與美感帶到世界上的人。以自我的生命來閃
耀他人的生命，讓各自都能發光、展現光芒，每個人都成為自己最
獨特的那顆星。

滿天繁星，象徵了你的靈感，也是飛在空中的網路訊號，更是一股
強大的想像力。無論是天外飛來一筆的靈光乍現，或是腦海裡充滿
無限想像的各種可能性，都是你強大的天賦展現。

你能透過接收靈感，再次把靈感轉化出來，連接到網路世界進行分
享與傳遞。

你是美感的展現，能把天上最美麗的頻率帶到人間，把想法和點子
化身為藝術呈現，以優雅的頻率來傳遞溫暖，服務眾人。

月亮 我的挑戰是什麼？ What is my challenge?

 月亮紅月 Kin249

別人的情緒，最容易引發你情緒，會將你過去的恐懼或痛苦都翻攪
出來。

你很容易被感動、被觸動，對於旁人的情緒感受更是敏感。

這些感受會碰觸到你過往經驗的傷痛，因而這些生命經驗有機會來
讓你看見，並且被自己理解、被接住、被照顧。

別人在哭，你會跟著掉淚，有一種「不哭一下不行」的狀態發生。

更常發生的是，有著易感特質的你開始流淚時，其他人也跟著哭，
大家哭成一團。

眼淚有機會能流動，真好！與自己的感受在一起，給自己更多空間
去淨化與療癒、同理與陪伴。

電力 我要如何給予最好的服務？ How can I best serve?

 電力白狗 Kin250

你生命的發電廠，名叫「愛的同在」。
以「愛」來發電，以「心」來傳遞電波，無遠弗屆。
你能夠給予自己與他人最好的服務，就是出於那份帶著愛的「心」。
真正能「用心」去「關心」你所面對的人，「很有心」地去對待並回應，這是你的好品質。
人際互動中，以心交陪，博感情，都是你展現「心」的對待方式。

自我存在 我要用什麼方式服務？
　　　　　What is the form my service will take?

 自我存在藍猴 Kin251

你能提供魔術般歡樂的幽默感，以詼諧有趣的方式讓人們放鬆下來。
你在越輕鬆的氣氛中，越能有清楚的覺察與洞見。
同時，你能以遊戲的方式來展現你的服務。
例如：假設你是教學者，你能把教學遊戲化，或透過桌遊的帶領、遊戲的設計等等，讓學習者在輕鬆好玩的方式中有所領悟，這是你可以做的形式。

超頻 我要如何賦予自己最佳力量？
How can I best empower myself?

 超頻黃人 Kin252

你有著自我獨立思考的智慧，想著人生中發生的各種體驗與經驗，究竟是要讓自己獲得些什麼領悟與學習呢？

關於生命自由的思考、為自己負責的行動、獨特性的選擇，都是你展現內在力量的過程。

願意讓自己自由、活出天賦、鍛鍊光芒的展現，這是你給予自己賦能的最佳回應。

你的最大力量，來自於內心真正的自由意志，知道自己要什麼、不要什麼，讓自己勇敢發光。

韻律 我要如何將平等向外擴展？
How can I extend my equality to others?

 韻律紅天行者 Kin253

帶著好奇心，面對自己及每個與你相遇的人。好奇，是你散發「平等心」的重要關鍵。

因著好奇，你不會有先入為主的成見或預設立場，不會事先判斷是非對錯。

你能在自己的節奏裡，探索好奇的事情與面向。

當你失衡時，不妨「對自己好奇」一下，是什麼讓自己失衡呢？

讓自己勇於嘗試吧！在自己的人際互動裡，體驗新事物的節奏與流動，勇敢體驗不同的生活。

在體驗中，能讓自己落地穩定，再次務實地把自己帶回平衡狀態中。

共振　我要如何使我的服務與他人協調？
How can I attune my service to others?

 共振白巫師 Kin254

你內駐著巫師之心，你是永恆的核心。

每當你進入內在世界去提取智慧解答時，就像施展魔法一般，總是會獲得意想不到的驚喜與收穫。因此，接收內心冒出來的訊息與智慧話語，是你最能把自己「帶回自我核心」的力量與方法。

你願意做到，並且相信真的可以做到，這是你施展魔法的威力。

當你這麼信任時，內在會湧現強大的巫師力量，並能為你所用。

你善用這樣的念力，並共振給身邊每個與你互動的人，帶出魔法顯化的漣漪，創造一個又一個的奇蹟！

銀河星系　我是否活出自己的信念？ Do I live what I believe?

 銀河藍鷹 Kin255

你總是能往遠一點的未來眺望，思考並看見下一步。

你認為，「有高度」的思維與眼光是很重要的，行動要跟得上眼光，才不會眼高手低。

看得寬廣，也要有足夠的氣魄與格局來完成行動，才能稱得上是真正的活出生命。

當你能以「新的理解」來看待眼下的這盤棋，彷彿更知道如何以新的心智系統來「創造新局」。

新的視野，帶來新的心智思考，進而有新的創造。你在看見後，採取行動了嗎？

太陽 我該如何完成我的目的？ How do I attain my purpose?

 太陽黃戰士 Kin256

你無所畏懼，沒在怕的。

對你來說，想要完成的事情，肯定是使命必達，沒有事情能夠阻擋你。

「只有要不要，沒有做不到」，是你的座右銘。

做事快、狠、準，只有往前，不許退後。

當你把意圖放在完成目標上，總是能勇敢面對問題，並突破所有難關，成功達標！

行星 我該如何完美顯化？ How do I perfect what I do?

 行星紅地球 Kin257

回歸自然生活，享受大自然的療癒場、品嚐天然食材、使用天然素材製成的物品，能讓你想做的事情更加完美。

你更是一個完美的旅行生活家，搭配在生命不同階段，你會去到不同地方工作或服務。

你明白這些都是地球母親已經替你安排好的地圖，你只需要依循著共時的導航，讓生命順流前進。信任與放手，願意臣服，讓你進入完美的流動之中。

只要你願意留意生命的徵兆，看見共時的現象，這股地球豐盛的創造頻率，將會帶給你源源不絕的顯化力，將完美顯化你想要的豐盛。

光譜　我該如何釋放與放下？How do I release and let go?

 光譜白鏡 Kin258

面對該如何放下想要放下的，釋放出不再需要的。最佳的方法，就是觀察「自己對外投射出的影像」，觀照一下自己都在投射些什麼。這些都與期望有關。

可能是人際關係的期待與想像，希望別人如何對待自己、應如何表現才能讓自己滿意。可能是關於自我評價，對自己的喜歡或不滿，都會投射到對他人的互動上。

相同的，別人投射在你身上的一切，也與你內在的狀態有關。

要清楚看見鏡子是如何無窮無盡地反射出彼此的內在，我們才能知道要釋放什麼。

當你能跟自己內在期望與投射說再見時，內在真實力量的天賦就能釋放出來！

水晶　我該如何將自己奉獻給所有生命？
How can I dedicate myself to all that lives?

 水晶藍風暴 Kin259

暴風雨的洗刷力道強勁，那些該帶走的泥沙髒污，該毀壞且搖搖欲墜的看板，全都片甲不留。讓我們煥然一新的，是被徹底清洗乾淨的城市面貌，接下來就可以開始新的建設。

我們所能奉獻給生命的，就是生命的蛻變力量！

在合作關係中給出改變及革命的催化劑，讓彼此能加速成長。

改變過程中，將帶來無比強大的成長力量。這股清澈之光，帶領我們雨過天晴。

生命更新後的狀態，將擁有全新的意識、全新的能量。

宇宙 我該如何散播我的喜悅與愛？
How can I expand my joy and love?

 宇宙黃太陽 Kin260

經歷千山萬水，來到 260，這是最後一個數字，也是整個密碼中的最大數。

260 這個數字，更是寶寶在媽媽肚子裡孕育成熟長大的天數。

是的，是一個完整生命被支持、被誕生、被好好地帶到這個世界上來。

你勇敢的靈魂，以「願意支持生命」的智慧來分享愛，是以你的生命去支持著所有生命活出自己！

選擇了 260 這條服務的道路來成為你的鍛鍊之路，這條路不容易。

而你明白，終有一天，你將在世界的舞臺上替自己點燃生命的火炬。

猶如傳遞聖火的火炬手，在主場上點火炬的那一刻，把光明、團結、友誼、和平、正義，通通都點燃了！因為，你想要以此光芒來感動所有靈魂！

生命覺醒的光芒，將你自己帶回當下，你成為那真正自帶光芒的火炬。

光芒將會持續下去，不僅支持每個人都能活出完整的自己，並且能跨越每一個自己，創造一個又一個新的生命奇蹟。

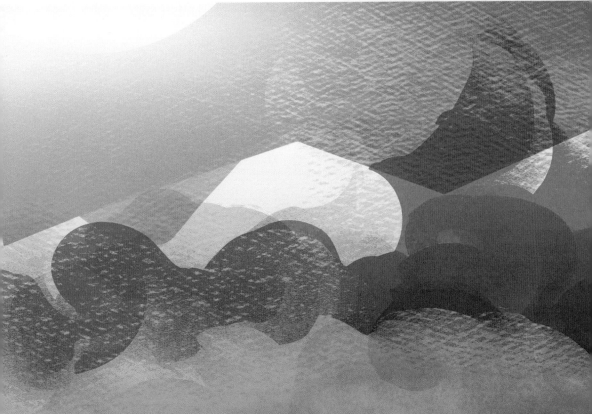

CHAPTER 04

波符在 260 天的
日常展現

波符與城堡的 260 天
整體流動

首先，我們要知道當下的流日能量是在哪一個波符。

例如，當下的日期是西元 2021 年 8 月 26 日，當日印記是 Kin255 銀河藍鷹（計算方式同 p.19 ～ 20 的星系主印記，用當天的年月日代入即可）。

我們對照卓爾金曆或城堡圖，可以知道 Kin255 是在黃星星波符（Kin248 ～ Kin260），坐落在綠色中央施展魔法城堡。

由於一天走一個 Kin，到了 2021 年 8 月 31 日，就走到 Kin260，完成整體的循環。

我們也可以回顧這 260 天（2020 年 12 月 15 日～ 2021 年 8 月 31 日），並問問自己，在過去這 260 天裡，過得如何呢？有沒有什麼樣的創造與發生？感受如何？

同時，帶著新的啟動力量進入 Kin1（2021 年 9 月 1 日）磁性紅龍（位在紅色東方啟動城堡），開始新的卓爾金曆 260 天的新循環。

紅色東方啟動城堡：啟動與開創的力量

從龍的波符開始，我們在誕生的時刻開始感受到存在，會問著：「我是誰？」「我從哪裡來？」

我們知道，這個世界上所有的一切都能成真，跟魔法小孩一樣單純地相信時間是不存在的（巫師波）。於是，我們開始運用雙手感知生活的一切，開始創造、開始進行療癒（手波），因著感受到的美好生命，於是我們分享，我們向他人給予溫暖與關懷（太陽波）。

白色北方跨越城堡：跨越與淨化的力量

生命繼續前進，我們越來越好奇，於是我們探索，從外在到內在不斷探索（天行者波）。走過了國王波符（天行者波），接著顯現的就是連結天地管道的能量（世界橋波）。紅天行者和白世界橋這兩個圖騰是馬雅曆法裡從帕克‧沃坦國王石棺印記帶出來最重要的兩個圖騰，剛好是互為支持的力量。這股相互支持的力量能帶來生命的轉化與前進（風暴波）。因此，緊跟在後的風暴波，帶來一連串的生命覺醒——走向真正的自由（人波）。

藍色西方蛻變城堡：改變與轉化的力量

　　自由覺醒後掀起浴火鳳凰的脫皮重生（蛇波），扒光舊皮後，更能看清真相與真實（鏡波），不被幻象所蒙蔽（猴波），我們因此能更清楚知道自己的目標與潛力（種子波）。

黃色南方給予城堡：收穫與給予的力量

　　能深深理解地球母親的共時導航（地球波），認出何謂愛的真相，就是無條件地愛著自己（狗波），才能體驗內在潛意識與外在物質的豐盛（夜波），接著，我們就能無謂無懼地面對問題、衍生智慧並找到答案（戰士波）。

綠色中央施展魔法城堡：共時與施展魔法的力量

　　走到這裡，我們要正式進入「綠色中央施展魔法的城堡」了。

　　讓自己真正地流動起來（月波），說出心中真正想說的話、心口合一及對的話語（風波），帶來老鷹的洞見與輕盈飛翔（鷹波），因而更能接收來自上天的靈感與美的藝術生活（星波），全然覺醒的開悟，並付出愛與服務。

單一波符的展現力量

　　如果你的星系主印記所在的波符，剛好與當時的流日相同（在同一條波符），就剛好非常共時，這十三天就會像你生命道路的微型縮影。

　　例如，依照生日計算出來的「生命波符」是 Kin163 共振藍夜的「紅地球波符」。

　　當日期走到 2021 年 5 月 20 日～ 2021 年 6 月 1 日，正巧進入紅地球波符。（計算及尋找方式參見 p.26）

　　正是你的「生命波符」與當下「流日能量波符」同頻共振。

　　把這十三天過好，就可以創造出生命裡更大的奇蹟。

二十個波符的涵義

　　我們將以日常生活的運用日期為例，解釋波符的運作。在日子裡遇到自己的生命波符時，把波符的十三天過好，就能為自己的生命再次調頻校準，增加力量！

龍波符／創造波符

龍波開啟全新的生命循環，卓爾金曆嶄新的 260 天就是從這裡開始。從磁性紅龍到宇宙紅天行者的十三天，某些回憶、舊時光的人事物將出現連結，讓我們重新感受並再次整理自己的生命。靜心，讓自己的心打開並安靜下來。

巫師波符／魔法波符
快速顯化心想事成的魔法課題

巫師波從磁性白巫師到宇宙白世界橋，我們在這十三天，要練習「無時間」的感受，讓自己全然地活在當下，把關於過去與未來的意念都拉回現下，透過靜心與內在觀察。我們明白沒有時間就沒有死亡，更無須關注執著。

手波符／實踐波符
做到才是真正知道的完成實踐課題

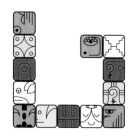

手波從磁性藍手到宇宙藍風暴，這十三天是創造與改變的好時機。透過雙手能夠帶來一切的療癒能量，親身力行去實踐生活中想要完成的計畫。這些行動與創造，將會帶來生活中自然而然的改變，不必反覆設想，做就對了。

太陽波符／覺醒波符
散發給予溫暖的小太陽課題

太陽波從磁性黃太陽到宇宙黃人，這是覺醒開悟的能量，讓自己的溫暖光芒照亮他人的心。一個覺醒的人，能明白所有智慧行動的展現，就是能負起全然的責任，真正的自由意志便是放下我執，進入散播喜悅與愛的能量之中。

天行者波符／國王波符
體驗不同空間轉換的穿梭探索課題

天行者波從磁性紅行者到宇宙紅蛇，我們以全然的好奇心想要探索未知。這十三天的生活會比較忙碌與奔波，是一個跨越限制及自我設限的練習好時機。靜心，讓自己更穩定落實、脫皮蛻變，蛻去無法支持我們生命熱情的一切。

世界橋波符／連接波符
看清楚為何放不下的斷捨離課題

世界橋波從磁性白世界橋到宇宙白鏡，我們練習讓自己放下、放手、放掉我執。清楚地看見所有的一切都是內在的反映，我們便能夠放下執著的意念，成為單純的橋樑與管道，當一個溝通協調的角色，連接著此岸與彼岸的兩端。

風暴波符／改變波符

風暴波從磁性藍風暴到宇宙藍猴，我們要在這段時間體驗改變的發生與轉化能量是自然而然的，或許也會翻起很多必須面對的議題。讓自己在這個徹底改變的過程中，如同孩子般地玩樂吧！保持輕鬆與幽默感，就能超越一切。

人波符／自由波符
為全然的自己做出選擇的自由課題

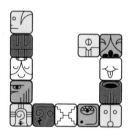

從磁性黃人到宇宙黃種子，學會用自由意志來尊重自己。為自己的生命與決定負起全然的責任，並且認出自己的潛力、相信自己必能豐盛地綻放，在耐心等待收成的時刻裡，體會甜美的果實終將到來，智慧的能量因此盛開。

蛇波符／生命力波符
打開身體力量與生命力的脫皮課題

蛇波有連續十天宇宙能量綠格子的開啟。從磁性紅蛇到宇宙紅地球，開啟身體全然的覺知，觀察自己身體的需求，讓自己的生命力、熱情與活力，藉由回歸天然飲食、自然療法的生活方式，來協助自己身心靈全面整合。

鏡波符／真相波符
拿著放大鏡看見清晰真相的十三天

鏡波開始進入卓爾金曆宇宙中柱。從磁性白鏡到宇宙白狗，學會看見真相，就能看見愛！看見所有的一切，能更加明白真理就在自己之內，一切人事物就是映照我們自己。唯有對自己承認發生的事實與真相，才能全然接納自我。

猴波符／遊戲波符
體驗玩耍遊戲的幽默人生課題

猴波是卓爾金曆宇宙正中央的起始點。從磁性藍猴到宇宙藍夜，像魔法小孩一樣擁有遊戲的天真單純與幽默，保持一顆遊玩的心，就是回到內在小孩的家。這段時間協助我們看穿幻象與頭腦的把戲，回到單純好玩、有趣的狀態，讓我們勇敢夢想，讓自己能豐盛地美夢成真。

種子波符／豐收波符
耕耘並植入美好意念種子的課題

種子波有連續十天宇宙能量綠格子的開啟。從磁性黃種子到宇宙黃戰士，要我們清楚確定自己的目標，知道要做什麼、要去到哪裡。過程中必須學會勇敢的力量，不害怕、不退縮、不恐懼地往前進、往上成長，長出智慧的果實。

地球波符／共時波符
觀察生活中自然又巧合的課題

地球波從磁性紅地球到宇宙紅月，可以多出去踏青、接地氣與扎根，更可以留意生活裡共時事件的發生，讓水的能量協助我們清理與淨化，釋放卡住的情緒，越是順其自然、越是順流，我們的生命越能連結地球母親的導航能量。

狗波符／愛波符
讓自己沉浸在充滿愛的課題

狗波從磁性白狗到宇宙白風，我們知道「愛」就是內在心靈的本質。我們要體驗對自己無條件的愛，對自己全然誠實、忠誠與疼愛，對別人說出你的需要或開口求助，練習愛的呼吸，在溝通表達中加入愛的元素，如實地說出真心話。

夜波符／豐盛波符
看見並感謝自己所擁有的豐盛課題

夜波從磁性藍夜到宇宙藍鷹，因為夢想遠大所以能夠看得更寬廣。因著格局視野的提升，我們更能清晰看見更深的內在與潛意識。在潛意識與夢境裡，看見自己內在無比的豐盛。我們要好好犒賞自己，活出豐盛的品質。

戰士波符／智慧波符

戰士波從磁性黃戰士到宇宙黃星星，教會我們成為生命中無比勇敢的彩虹戰士，勇敢發問、無畏懼地探索生命中的疑問。我們勇敢地面對問題、解決問題，接收靈感與創意，連結美麗與藝術的事物，活出時間就是藝術的品質。

月波符／水情緒波符

月波從磁性紅月到宇宙紅龍，這個波符開啟綠色魔法城堡心想事成的能量。宇宙之水的能量協助我們滋養生命，清晰看見自己的情緒，便能回歸生命的源頭，連結古老智慧的傳承，以及正視自己與家庭的關係。

風波符／精神波符

風波從磁性白風到宇宙白巫師，這段時間請保持對自己意念的覺察，觀照自己的想法與起心動念。意念所關注的，都會顯化成真。在靜心的活動中讓自己回到當下，唯有當下才能穿越一切時間的壓迫與限制。

鷹波符／視野波符

鷹波從磁性藍鷹到宇宙藍手，我們的目標就是要看得高、看得遠，讓自己的格局能夠放大。除了用銳利的眼睛洞察一切之外，還需要藍手強而有力的實踐行動來創造，一步一腳印地依著遠見來執行，就能創造出豐盛無比的能量。

星星波符／藝術波符
體驗靈感湧現的美麗課題

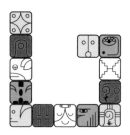

星波從磁性黃星星到宇宙黃太陽，是生命最終必須要到達的目的地，藉由自身的成長、覺醒與開悟的鍛鍊，讓自己成為那個溫暖發光的太陽，把生命的光芒與喜悅散播給身邊的人，藉由服務他人，讓自己的生命更美麗。

附錄：繪製我的星系印記組合盤

· **主印記**

　　顏色：

　　調性：

　　名稱：

· **星系印記之四大守護力量**

　　支持印記：

　　挑戰擴展印記：

　　隱藏推動印記：

　　引導印記：

· **個人星系印記組合盤**

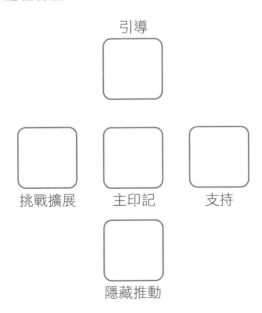

附錄：繪製我的波符與城堡

說明：畫上自己（或他人）的主印記所在城堡的對應波符、圖騰，
　　　並著色。

- 我的生命波符

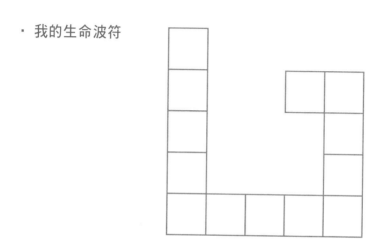

- 我的城堡

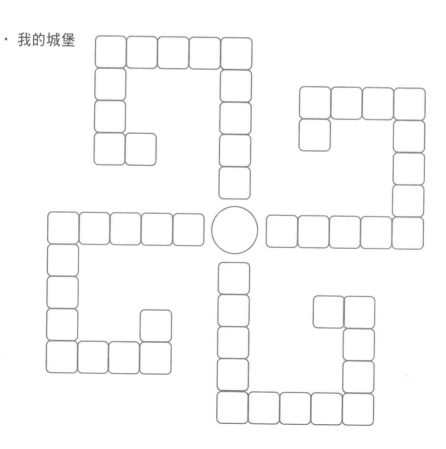

附錄：260kin 星系印記組合盤速查表

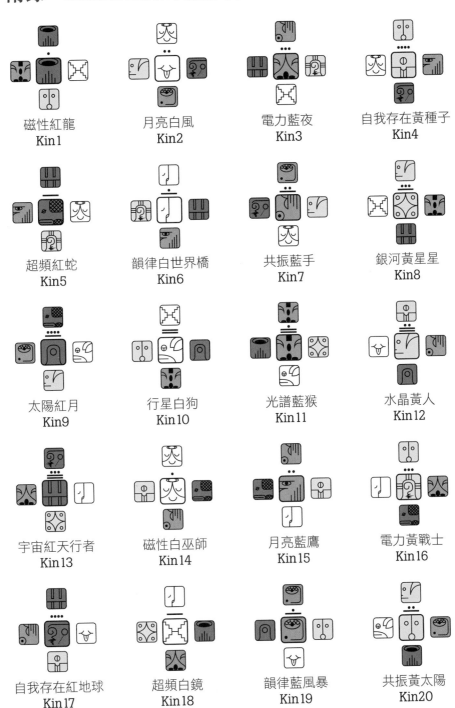

磁性紅龍
Kin1

月亮白風
Kin2

電力藍夜
Kin3

自我存在黃種子
Kin4

超頻紅蛇
Kin5

韻律白世界橋
Kin6

共振藍手
Kin7

銀河黃星星
Kin8

太陽紅月
Kin9

行星白狗
Kin10

光譜藍猴
Kin11

水晶黃人
Kin12

宇宙紅天行者
Kin13

磁性白巫師
Kin14

月亮藍鷹
Kin15

電力黃戰士
Kin16

自我存在紅地球
Kin17

超頻白鏡
Kin18

韻律藍風暴
Kin19

共振黃太陽
Kin20

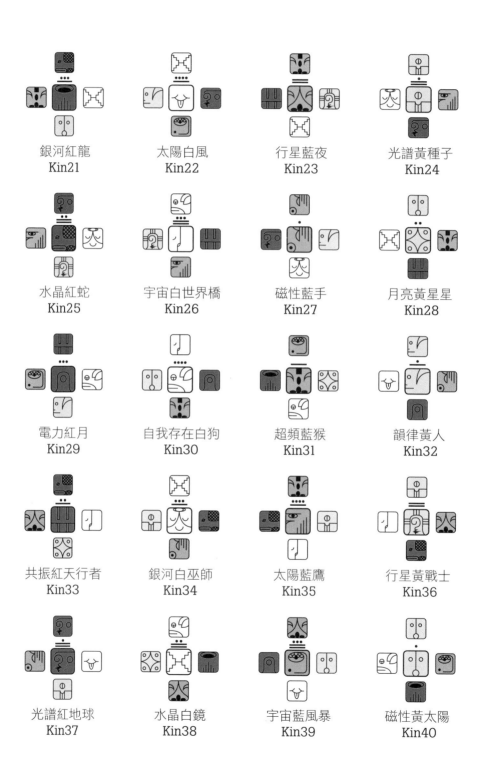

銀河紅龍
Kin21

太陽白風
Kin22

行星藍夜
Kin23

光譜黃種子
Kin24

水晶紅蛇
Kin25

宇宙白世界橋
Kin26

磁性藍手
Kin27

月亮黃星星
Kin28

電力紅月
Kin29

自我存在白狗
Kin30

超頻藍猴
Kin31

韻律黃人
Kin32

共振紅天行者
Kin33

銀河白巫師
Kin34

太陽藍鷹
Kin35

行星黃戰士
Kin36

光譜紅地球
Kin37

水晶白鏡
Kin38

宇宙藍風暴
Kin39

磁性黃太陽
Kin40

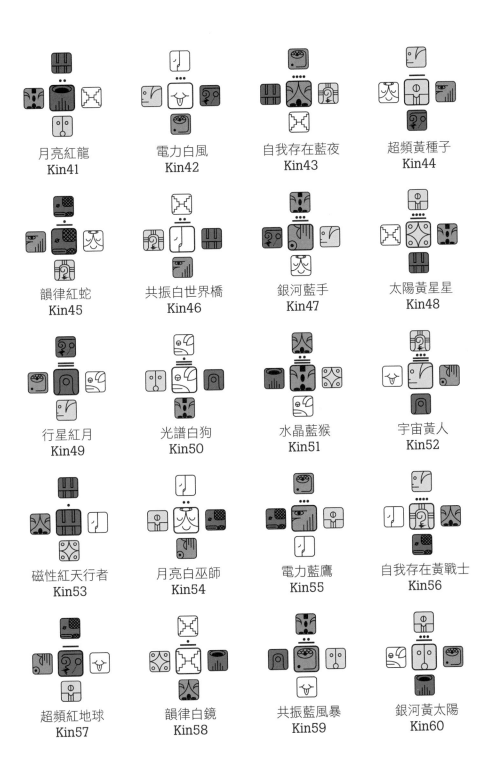

月亮紅龍
Kin41

電力白風
Kin42

自我存在藍夜
Kin43

超頻黃種子
Kin44

韻律紅蛇
Kin45

共振白世界橋
Kin46

銀河藍手
Kin47

太陽黃星星
Kin48

行星紅月
Kin49

光譜白狗
Kin50

水晶藍猴
Kin51

宇宙黃人
Kin52

磁性紅天行者
Kin53

月亮白巫師
Kin54

電力藍鷹
Kin55

自我存在黃戰士
Kin56

超頻紅地球
Kin57

韻律白鏡
Kin58

共振藍風暴
Kin59

銀河黃太陽
Kin60

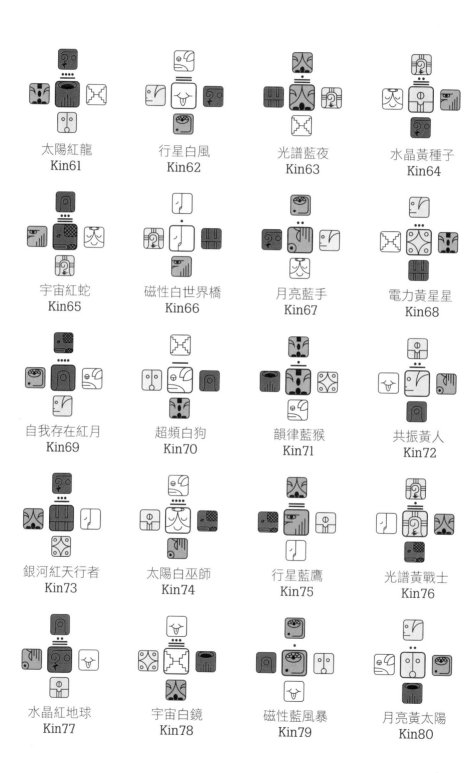

太陽紅龍
Kin61

行星白風
Kin62

光譜藍夜
Kin63

水晶黃種子
Kin64

宇宙紅蛇
Kin65

磁性白世界橋
Kin66

月亮藍手
Kin67

電力黃星星
Kin68

自我存在紅月
Kin69

超頻白狗
Kin70

韻律藍猴
Kin71

共振黃人
Kin72

銀河紅天行者
Kin73

太陽白巫師
Kin74

行星藍鷹
Kin75

光譜黃戰士
Kin76

水晶紅地球
Kin77

宇宙白鏡
Kin78

磁性藍風暴
Kin79

月亮黃太陽
Kin80

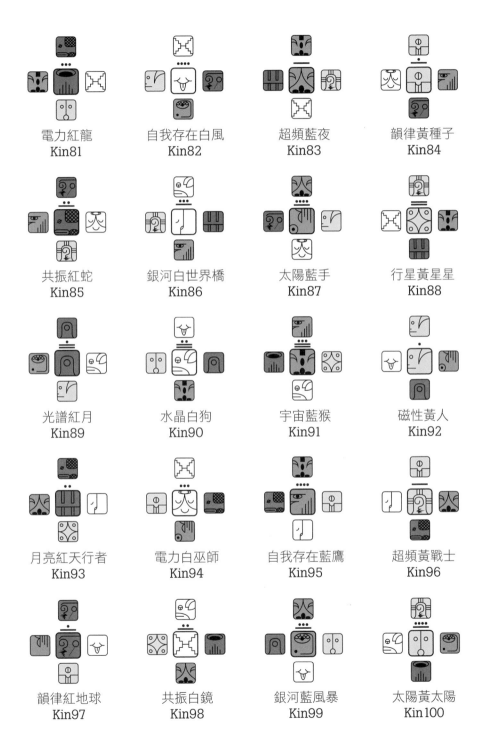

電力紅龍
Kin81

自我存在白風
Kin82

超頻藍夜
Kin83

韻律黃種子
Kin84

共振紅蛇
Kin85

銀河白世界橋
Kin86

太陽藍手
Kin87

行星黃星星
Kin88

光譜紅月
Kin89

水晶白狗
Kin90

宇宙藍猴
Kin91

磁性黃人
Kin92

月亮紅天行者
Kin93

電力白巫師
Kin94

自我存在藍鷹
Kin95

超頻黃戰士
Kin96

韻律紅地球
Kin97

共振白鏡
Kin98

銀河藍風暴
Kin99

太陽黃太陽
Kin100

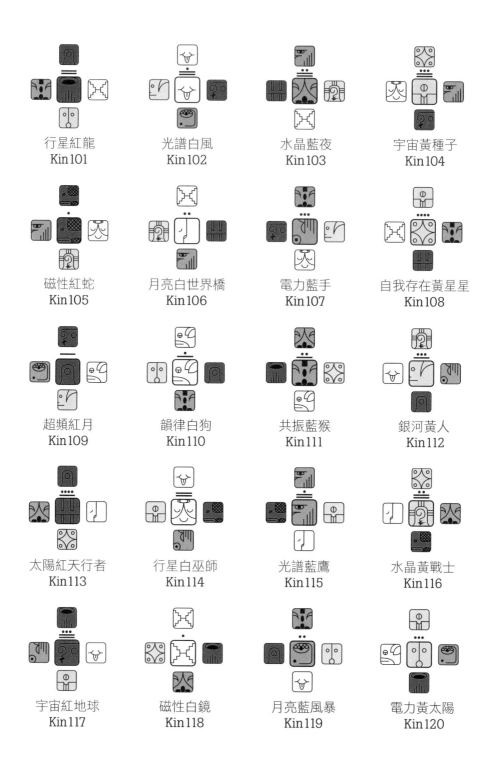

行星紅龍
Kin101

光譜白風
Kin102

水晶藍夜
Kin103

宇宙黃種子
Kin104

磁性紅蛇
Kin105

月亮白世界橋
Kin106

電力藍手
Kin107

自我存在黃星星
Kin108

超頻紅月
Kin109

韻律白狗
Kin110

共振藍猴
Kin111

銀河黃人
Kin112

太陽紅天行者
Kin113

行星白巫師
Kin114

光譜藍鷹
Kin115

水晶黃戰士
Kin116

宇宙紅地球
Kin117

磁性白鏡
Kin118

月亮藍風暴
Kin119

電力黃太陽
Kin120

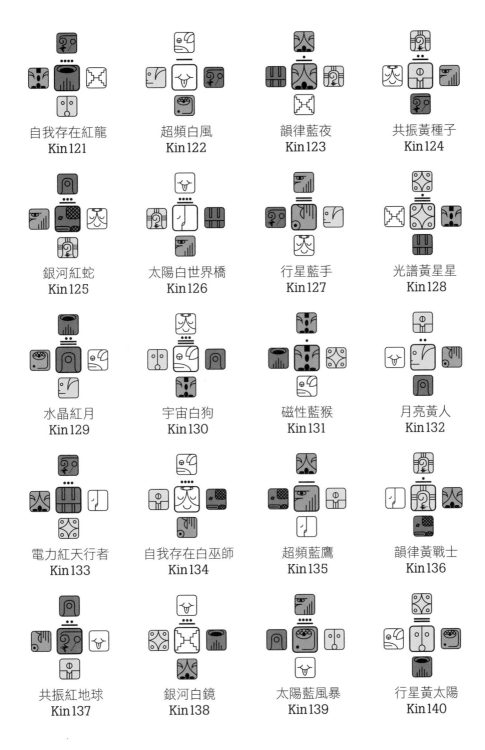

自我存在紅龍
Kin 121

超頻白風
Kin 122

韻律藍夜
Kin 123

共振黃種子
Kin 124

銀河紅蛇
Kin 125

太陽白世界橋
Kin 126

行星藍手
Kin 127

光譜黃星星
Kin 128

水晶紅月
Kin 129

宇宙白狗
Kin 130

磁性藍猴
Kin 131

月亮黃人
Kin 132

電力紅天行者
Kin 133

自我存在白巫師
Kin 134

超頻藍鷹
Kin 135

韻律黃戰士
Kin 136

共振紅地球
Kin 137

銀河白鏡
Kin 138

太陽藍風暴
Kin 139

行星黃太陽
Kin 140

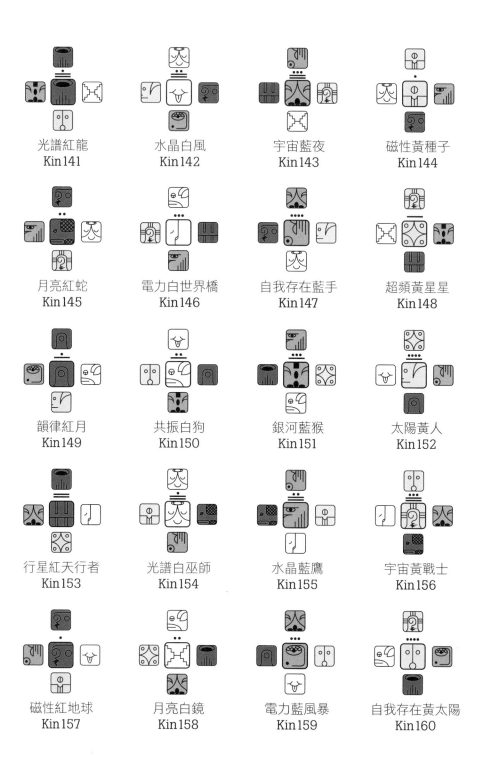

光譜紅龍
Kin 141

水晶白風
Kin 142

宇宙藍夜
Kin 143

磁性黃種子
Kin 144

月亮紅蛇
Kin 145

電力白世界橋
Kin 146

自我存在藍手
Kin 147

超頻黃星星
Kin 148

韻律紅月
Kin 149

共振白狗
Kin 150

銀河藍猴
Kin 151

太陽黃人
Kin 152

行星紅天行者
Kin 153

光譜白巫師
Kin 154

水晶藍鷹
Kin 155

宇宙黃戰士
Kin 156

磁性紅地球
Kin 157

月亮白鏡
Kin 158

電力藍風暴
Kin 159

自我存在黃太陽
Kin 160

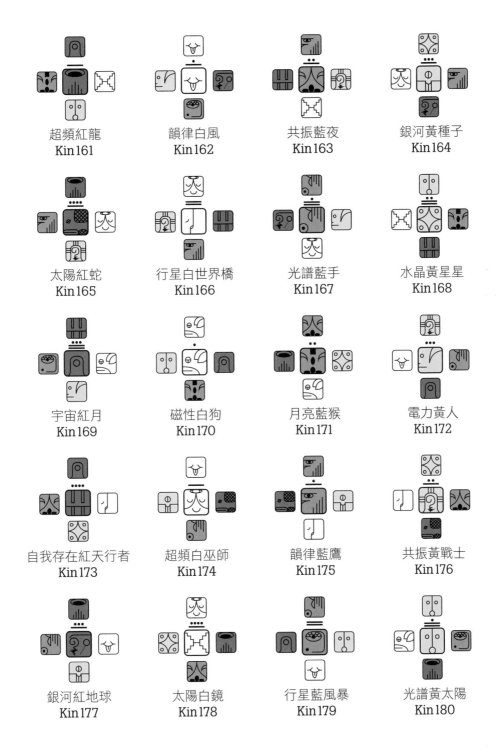

超頻紅龍
Kin161

韻律白風
Kin162

共振藍夜
Kin163

銀河黃種子
Kin164

太陽紅蛇
Kin165

行星白世界橋
Kin166

光譜藍手
Kin167

水晶黃星星
Kin168

宇宙紅月
Kin169

磁性白狗
Kin170

月亮藍猴
Kin171

電力黃人
Kin172

自我存在紅天行者
Kin173

超頻白巫師
Kin174

韻律藍鷹
Kin175

共振黃戰士
Kin176

銀河紅地球
Kin177

太陽白鏡
Kin178

行星藍風暴
Kin179

光譜黃太陽
Kin180

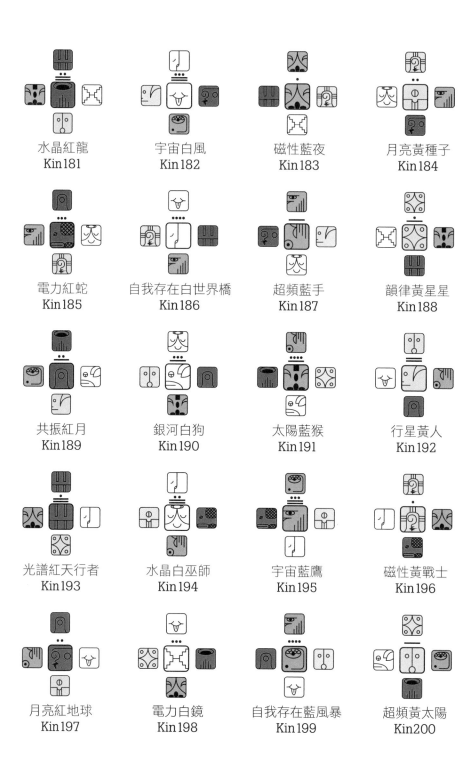

水晶紅龍
Kin181

宇宙白風
Kin182

磁性藍夜
Kin183

月亮黃種子
Kin184

電力紅蛇
Kin185

自我存在白世界橋
Kin186

超頻藍手
Kin187

韻律黃星星
Kin188

共振紅月
Kin189

銀河白狗
Kin190

太陽藍猴
Kin191

行星黃人
Kin192

光譜紅天行者
Kin193

水晶白巫師
Kin194

宇宙藍鷹
Kin195

磁性黃戰士
Kin196

月亮紅地球
Kin197

電力白鏡
Kin198

自我存在藍風暴
Kin199

超頻黃太陽
Kin200

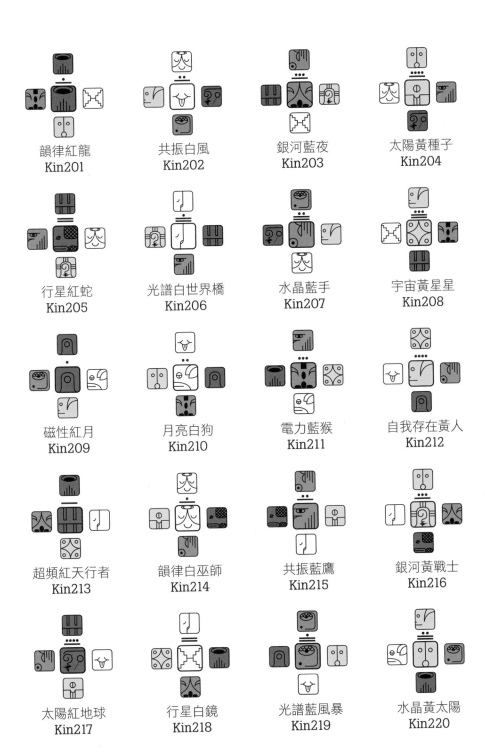

韻律紅龍
Kin201

共振白風
Kin202

銀河藍夜
Kin203

太陽黃種子
Kin204

行星紅蛇
Kin205

光譜白世界橋
Kin206

水晶藍手
Kin207

宇宙黃星星
Kin208

磁性紅月
Kin209

月亮白狗
Kin210

電力藍猴
Kin211

自我存在黃人
Kin212

超頻紅天行者
Kin213

韻律白巫師
Kin214

共振藍鷹
Kin215

銀河黃戰士
Kin216

太陽紅地球
Kin217

行星白鏡
Kin218

光譜藍風暴
Kin219

水晶黃太陽
Kin220

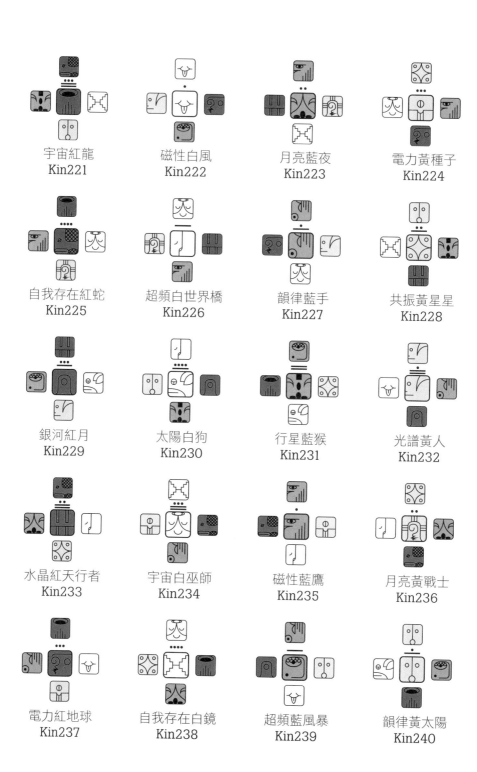

宇宙紅龍
Kin221

磁性白風
Kin222

月亮藍夜
Kin223

電力黃種子
Kin224

自我存在紅蛇
Kin225

超頻白世界橋
Kin226

韻律藍手
Kin227

共振黃星星
Kin228

銀河紅月
Kin229

太陽白狗
Kin230

行星藍猴
Kin231

光譜黃人
Kin232

水晶紅天行者
Kin233

宇宙白巫師
Kin234

磁性藍鷹
Kin235

月亮黃戰士
Kin236

電力紅地球
Kin237

自我存在白鏡
Kin238

超頻藍風暴
Kin239

韻律黃太陽
Kin240

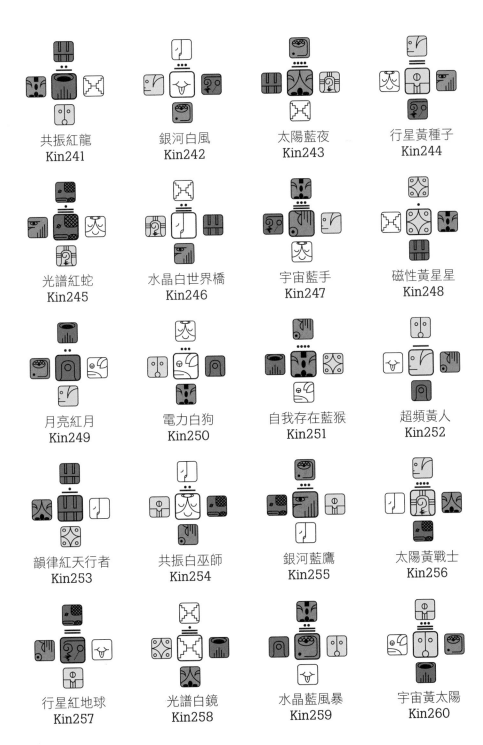

共振紅龍
Kin241

銀河白風
Kin242

太陽藍夜
Kin243

行星黃種子
Kin244

光譜紅蛇
Kin245

水晶白世界橋
Kin246

宇宙藍手
Kin247

磁性黃星星
Kin248

月亮紅月
Kin249

電力白狗
Kin250

自我存在藍猴
Kin251

超頻黃人
Kin252

韻律紅天行者
Kin253

共振白巫師
Kin254

銀河藍鷹
Kin255

太陽黃戰士
Kin256

行星紅地球
Kin257

光譜白鏡
Kin258

水晶藍風暴
Kin259

宇宙黃太陽
Kin260

BC1097

13月亮曆之波符與城堡：進入你的生命之流

作　　　者｜陳盈君
責任編輯｜于芝峰
協力編輯｜洪禎璐
內頁設計｜劉好音
封面設計｜小　草

發 行 人｜蘇拾平
總 編 輯｜于芝峰
副總編輯｜田哲榮
業務發行｜王綬晨、邱紹溢
行銷企劃｜陳詩婷

出　　　版｜橡實文化 ACORN Publishing
　　　　　　臺北市 105 松山區復興北路 333 號 11 樓之 4
　　　　　　電話：（02）2718-2001　傳真：（02）2719-1308
　　　　　　網址：www.acornbooks.com.tw
　　　　　　E-mail 信箱：acorn@andbooks.com.tw

發　　　行｜大雁出版基地
　　　　　　臺北市 105 松山區復興北路 333 號 11 樓之 4
　　　　　　電話：（02）2718-2001　傳真：（02）2718-1258
　　　　　　讀者服務信箱：andbooks@andbooks.com.tw
　　　　　　劃撥帳號：19983379　戶名：大雁文化事業股份有限公司

印　　　刷｜中原造像股份有限公司
初版一刷｜2021 年 8 月
初版三刷｜2022 年 9 月
定　　　價｜680 元
Ｉ Ｓ Ｂ Ｎ｜978-986-5401-75-7

國家圖書館出版品預行編目（CIP）資料

13 月亮曆之波符與城堡：進入你的生命之流／
陳盈君作 . – 初版 . – 臺北市：大雁文化事業股
份有限公司 橡實文化出版：大雁出版基地發行，
2021.08
288 面；23×17 公分

ISBN 978-986-5401-75-7（平裝）

1. 曆法 2. 預言

298.12　　　　　　　　　　　　110010994